ROBERT JAMES WALLER

THE BRIDGES
OF MADISON
COUNTY

Роберт Джеймс Уоллер

МОСТЫ ОКРУГА МЭДИСОН

РИПОЛ
КЛАССИК

МОСКВА

УДК 821.111
ББК 84(4Вел)6-44
У63

Перевод с английского Е. Г. Богдановой

Уоллер, Р. Д.

У63   Мосты округа Мэдисон / Р. Д. Уоллер ; [пер. с англ. Е. Г. Богдановой]. — М. : РИПОЛ классик, 2022. — 256 с. — (Город женщин).

ISBN 978-5-386-13931-5

Эта книга — крупнейший литературный феномен Америки, который находился в списке бестселлеров крупнейших газет страны более 90 недель, по праву стал безоговорочным победителем премии ЭББИ. Только в США первый тираж романа тогда никому не известного автора, профессора из Айовы, составил семь миллионов экземпляров. «Мосты округа Мэдисон» — это роман, который пишут только раз в жизни, роман о любви и потере.

УДК 821.111
ББК 84(4Вел)6-44

ISBN 978-5-386-13931-5

Начало

Есть на свете песни, рожденные голубоглазой травой, песни, что приносит пыль с тысячи равнинных дорог. Вот одна из них.

Осенью тысяча девятьсот восемьдесят девятого года я как-то засиделся допоздна за работой. Передо мной светился экран компьютера, и я все смотрел и смотрел на мерцающую перед глазами стрелку, но в это время как раз зазвонил телефон.

На другом конце провода я услышал голос человека по имени Майкл Джонсон. Он жил во Флориде, но родился в штате Айова, и недавно друг Майкла прислал ему оттуда одну из моих книг. Джонсон прочитал ее и предложил своей сестре Кэролин. Вот тогда-то они вместе и решили, что мне будет интересно услышать одну историю. Майкл Джонсон оказался человеком осмотрительным и не захотел говорить что-либо по телефону. Но он сообщил, что они с Кэролин хотели бы приехать в Айову и рассказать мне эту историю.

Сразу признаюсь, они разожгли во мне любопытство именно из-за того, что готовы были на такие усилия ради какой-то истории, хотя я и скептически отношусь к подобного рода предложениям. Поэтому я согласился увидеться с ними на следующей неделе в Де-Мойне.

И вот мы встречаемся в отеле «Холидей Инн», недалеко от аэропорта. Неловкость первых минут постепенно исчезает. Мы сидим напротив друг друга, а за окном начинает темнеть, неслышно падает снег.

Они вытягивают из меня обещание: если я решу, что писать об этом не стоит, то не должен рассказывать кому бы то ни было о случившемся в округе Мэдисон, штат Айова, в тысяча девятьсот шестьдесят пятом году, а также и о других, связанных с этой историей событиях, которые происходили в течение последующих двадцати четырех лет. Что ж, их просьба вполне обоснованна. Да и, в конце концов, это же их история, не моя.

Майкл и его сестра начинают свой рассказ, а я слушаю. Слушаю напряженно и задаю вопросы. Они отвечают на них. Временами Кэролин, не стесняясь, плачет. Майкл изо всех сил пытается удержаться от слез. Они показывают мне документы, вырезки из газет, а также дневники их матери, Франчески.

Горничная приходит и уходит. Мы заказываем кофе, потом еще и еще. В голове у меня постепенно рождаются образы. Такой у меня порядок: сначала образы и значительно позже — слова. А потом я уже слышу фразы и вижу их на листах рукописи. И в какой-то момент — уже за полночь — я соглашаюсь написать рассказ или, во всяком случае, попробовать.

Решение предать события гласности далось Майклу и Кэролин нелегко. Ведь деликатные обстоятельства этой истории затрагивают их мать и в немалой степени отца. Они вполне отдавали себе отчет в том, сколько развесистых сплетен может последовать за опубликованием рассказа, каким жестоким унижениям, возможно, подвергнется память о Ричарде и Франческе Джонсон со стороны людей, знавших их близко.

И все-таки они не сомневались в своем решении. Эта красивая легенда стоила того, чтобы рассказать ее миру — тому миру, где обязательства в каких бы то ни было формах считаются вредными для нервной системы, а любовь стала вопросом удобства. Моя личная убежденность в правоте их суждений нисколько не поколебалась со временем, наоборот, она стала еще крепче.

В ходе работы мне пришлось трижды просить Майкла и Кэролин о встрече, и каждый раз они без каких-либо возражений приезжали в Айову, так как стремились, чтобы рассказ вышел как можно более достоверным. Иногда мы просто беседовали, а иногда садились в машину и, не торопясь, ездили по дорогам округа Мэдисон.

Они показывали мне те места, где происходили события, связанные с этой историей.

Помимо сведений, которые мне предоставили Майкл и Кэролин, в своем рассказе я использовал также материалы дневников Франчески Джонсон. Кроме того, много существенного открылось мне в процессе поисков, проведенных на северо-западе Соединенных Штатов, особенно в Сиэтле и Беллингхеме, штат Вашингтон. Очень важными оказались мои поездки по округу Мэдисон. Я нахожу неоценимой информацию, почерпнутую мной из очерков Роберта Кинкейда, а также помощь, предоставленную редакторами журналов, с которыми он сотрудничал. Весьма полезными для работы были технические подробности, добытые мной у владельцев фотомагазинов. И конечно, я глубоко благодарен тем немногим оставшимся в живых замечательным старикам, с которыми мне довелось поговорить в доме для престарелых в Барнесвилле, штат Огайо. Они помнили Кинкейда, когда он был еще ребенком.

Однако, несмотря на все мои изыскательские усилия, в его судьбе остается еще много неясного. В ряде случаев мне пришлось призвать на помощь воображение, но только тогда, когда я был уверен, что оценки мои основываются на правильном понимании личностей Франчески Джонсон и Роберта Кинкейда. Тщательные поиски материалов и их скрупулезное изучение позволили мне приблизиться к такому пониманию, и я, прибегая к воображению, очень близко подошел к тому, что имело место в реальной действительности.

Трудно воссоздать в точности подробности поездки Кинкейда через северные штаты. Мы знаем его маршрут, благодаря многочисленным фотографиям, напечатанным впоследствии в журналах, а также нескольким коротким замечаниям в дневниках Франчески Джонсон и тем запискам, которые он оставлял для редактора «Нейшнл джиографик». Пользуясь этими источниками как путеводителем, я восстановил, полагаю, достаточно точно путь, который привел его из Беллингхема в округ Мэдисон в августе тысяча девятьсот шестьдесят пятого года. Когда же странствия мои подошли к концу и я добрался на машине до округа Мэдисон, должен признаться, я почувствовал, что стал во многом самим Робертом Кинкейдом.

Но мне предстояло решить, пожалуй, самую сложную задачу в моей работе: понять личность Роберта Кинкейда. Он был настолько неоднозначен, что определить его сущность в нескольких словах едва ли возможно. Временами Роберт казался вполне обычным человеком. В другой же раз он выглядел каким-то бесплотным, даже призрачным созданием. В работе Кинкейд был, безусловно, мастером своего дела, но себя он относил к представителям особого вида вымирающих животных, места которому нет в обществе, где все систематизировано и властвует порядок. Как-то однажды Роберт сказал, что слышит внутри себя «беспощадный вой времени». А Франческа Джонсон, описывая его, говорила: «Он обитает в странных, никому не ведомых местах, населенных призраками тех существ, что не нашли себе пристанища на ветвях древа Дарвиновой логики».

И еще два вопроса по-прежнему занимают мои мысли. Во-первых, мы так и не выяснили, что сталось с фотографиями. Учитывая, что он был профессиональный фотограф, мы рассчитывали найти сотни, а то и тысячи пачек со снимками. Но в его квартире ничего не обнаружили. Наиболее вероятно — и это вполне согласуется с его представлениями о себе самом и своей роли в этой жизни, — что он попросту уничтожил все фотографии незадолго до смерти.

Второй вопрос связан с его жизнью в период с тысяча девятьсот семьдесят пятого по тысяча девятьсот восемьдесят второй год. Об этом времени мы не имеем практически никаких сведений. Известно только, что он несколько лет перебивался кое-как, делая портретные снимки в Сиэтле и одновременно продолжая работать в окрестностях Пьюджет-Саунд. Однако больше мы не знаем ничего. Но одну любопытную подробность выяснить удалось. Все письма, адресованные ему Управлением социального обеспечения и Комитетом по делам ветеранов, вернулись обратно с пометкой: «Вернуть отправителю», сделанной рукой Кинкейда.

Должен признаться, что работа над этой книгой очень сильно изменила мое мировоззрение, образ мыслей, и, самое главное, теперь я с гораздо меньшим цинизмом отношусь к тому, что принято называть человеческими отношениями.

Благодаря тем исследованиям, которые были проведены мной в связи с написанием книги, я близко узнал Франческу Джонсон и Роберта Кинкейда и понял, что границы отношений между людьми могут расширяться в значительно больших пределах, чем я думал прежде. Возможно, что и вы придете к пониманию того же, когда прочтете эту историю.

Вам будет нелегко. Мы живем в мире, где черствость и безразличие все чаще становятся нормой человеческих отношений, а наши души, как панцирем, покрыты струпьями засохших страданий и обид. Не могу точно сказать, где тот предел, за которым великая страсть перерождается в слащавую сахарную водицу, но наша склонность высмеивать первую и провозглашать истинным и глубоким чувством вторую сильно затрудняет проникновение в область нежности и взаимопонимания. А без этого невозможно до конца понять историю Франчески Джонсон и Роберта Кинкейда. Мне самому пришлось преодолеть эту склонность, прежде чем я смог начать писать свою книгу.

Но, если вы подойдете к тому, что вам предстоит прочитать, с «желанием оставить неверие», как называл это Кольридж, вы испытаете, безусловно, то же, что испытал и я. И в прохладных глубинах вашей души вы, возможно, найдете, как Франческа Джонсон, место для танца.

Лето, 1991 г.

Мосты
округа Мэдисон

Роберт
Кинкейд

Утром восьмого августа тысяча девятьсот шестьдесят пятого года Роберт Кинкейд запер дверь своей маленькой двухкомнатной квартиры на третьем этаже старого дома в Беллингхеме, штат Вашингтон. За плечами у него висел рюкзак, набитый всевозможными фотопринадлежностями, в руке он нес большой чемодан. Кинкейд спустился вниз по деревянным ступенькам и прошел к заднему двору, где стоял его видавший виды грузовик марки «шевроле», который по праву занимал это место — ставить сюда свои машины могли только жильцы дома.

В кабине его уже дожидались еще один рюкзак, средних размеров переносной холодильник, два фотоштатива, несколько блоков сигарет «Кэмел», термос и большой пакет с фруктами. Футляр с гитарой и чемодан заняли свое место в кузове. Кинкейд устроил оба рюкзака на сиденье, холодильник со штативами остались в кабине. Затем он залез в кузов. Чемодан и футляр с гитарой, припертые запасным колесом, не могли уже никуда сдвинуться, однако для большей безопасности он привязал их к колесу куском бельевой веревки, а под старую шину засунул край брезента.

Кинкейд вернулся в кабину, достал пачку «Кэмела», закурил и принялся мысленно перебирать, не забыл ли он чего-нибудь: двести коробок пленки, в основном «Кодакхром», штативы, холодильник, три фотоаппарата и к ним пять объективов, затем джинсы и брюки цвета хаки, запасные рубашки и безрукавка на случай холода — все на месте. Порядок. Остальное можно будет купить по дороге.

На себя он надел старые полинявшие джинсы, изрядно поношенные ботинки и рубашку цвета хаки. Джинсы держались на подтяжках оранжевого цвета. На широком кожаном ремне висел нож, какие носят солдаты в швейцарской армии. Нож был в чехле.

Кинкейд взглянул на часы: восемь семнадцать. Мотор завелся со второго раза. Так, задний ход, переключить скорости, а теперь вперед, медленно, сквозь узкий проход между домами, навстречу утреннему солнцу. Уходят назад улицы Беллингхема, путь его лежит на юг, через штат Вашингтон, по Одиннадцатой магистрали, сначала несколько миль вдоль побережья Пьюджет-Саунд и затем на восток, потому что именно туда ведет дорога, а ему нужно попасть на государственную трассу номер двадцать.

Вот он — поворот к солнцу, и теперь ему предстоит долгий извилистый путь через Каскады. Кинкейд всегда любил эти места, и поскольку он не спешил, то время от времени останавливался, чтобы запомнить, куда в следующий раз можно приехать поснимать то, что привлекло его внимание. Иногда он доставал фотоаппарат и делал снимки на память, как он сам их называл. Через какое-то время Кинкейд бегло просматривал отснятый материал. И если что-то казалось ему интересным, то он и в дальнейшем мог снова приехать в эти места, чтобы поработать уже основательно.

К вечеру он добрался до трассы номер двадцать и повернул на север, к Спокану. Ему нужно было доехать до Дулута, Миннесота. Машина прошла уже полпути, а вообще маршрут охватывал все северные штаты Америки.

И в тысячу первый раз Кинкейд пожалел, что у него нет собаки, например золотистого ретривера, которого он мог бы брать с собой в такие путешествия, да и дома Роберт не был бы один. Однако ему приходилось часто уезжать надолго, далеко, на другие континенты. Эти поездки чрезвычайно осложнили бы жизнь и собаки, и ее хозяина. И все-таки он хотел иметь такого четвероногого друга. Возможно, через несколько лет, когда он уже будет слишком стар для работы, так сказать, в полевых условиях, вот тогда...

— Вот тогда заведу собаку, — вслух произнес он, обращаясь к хвое, которая промелькнула за окном грузовика.

Длительные поездки по дорогам Америки всегда наводили его на философские размышления о самом себе. Собака являлась неотъемлемой частью этих размышлений. Кинкейд был настолько одинок, насколько это вообще возможно в жизни, — единственный сын, родители умерли, дальние родственники давно забыли о его существовании, как, впрочем, и он о них. Близких друзей он не имел.

Кинкейд знал, как зовут хозяина продуктовой лавки на углу в Беллингхеме и владельца фотомагазина, где он покупал все необходимое для работы. У него были также формальные деловые отношения с редакторами журналов, в которых он печатался. А больше он, в сущности, никого и не знал. Цыгане плохо уживаются с другими людьми, а Роберт Кинкейд по духу был очень близок к цыганам.

Он вспомнил Мэриан, свою жену. Она ушла от него девять лет назад, после пяти лет совместной жизни. Ему сейчас пятьдесят два, значит, ей около сорока. Мэриан мечтала о карьере певицы. Она исполняла фольклорные песни, выучила наизусть «Песни ткачей» и очень недурно пела их по вечерам в кафе, так что ее знал весь Сиэтл. В прежние времена, когда Роберт бывал дома, он отвозил ее на выступления, а сам садился среди публики и слушал.

Но долгие отлучки — слишком серьезное испытание для супружеской жизни. Они в общем-то отдавали себе в этом отчет, когда решили пожениться. Оба надеялись, что все как-нибудь образуется. Но не образовалось. Когда он однажды приехал домой после поездки в Исландию, где делал фотоиллюстрации для какого-то рассказа, Мэриан не оказалось дома. В ее записке он прочитал: «Роберт, ничего не получается. Оставляю тебе гитару. Не исчезай совсем».

Но он исчез. Как, впрочем, и она. А когда через год ему прислали документы для развода, он подписал их и на следующий день улетел в Австралию. Мэриан не просила ничего, кроме свободы.

Поздно вечером он добрался до Келлиспела, штат Монтана, и остался там на ночь. Отель «Коузи Инн» на вид показался ему недорогим. Таковым он и был. Фотопринадлежности Роберт взял с собой в номер.

Из двух настольных ламп работала только одна. Лежа в постели, он читал «Зеленые холмы Африки» и пил небольшими глотками пиво прямо из банки. В комнату просачивался запах с местной бумажной фабрики. С утра он сделал свою обычную сорокаминутную пробежку, потом пятьдесят раз отжался и под ко-

нец сделал несколько упражнений, используя
фотоаппараты в качестве гантелей.

И снова «шевроле» катит вперед, оставляя
позади землю Монтаны, а впереди расстилает-
ся ровная неброская поверхность Северной
Дакоты. Но и эта плоская равнина не казалась
ему однообразной по сравнению с горами или
морем. Он не мог остаться равнодушным к су-
ровой красоте здешних мест и несколько раз
останавливался, вытаскивал штатив и делал
черно-белые снимки старых ферм. Пейзаж со-
ответствовал его минималистским наклоннос-
тям. Индейские резервации мало-помалу приходили в упадок по причинам, всем известным
и всеми пренебрегаемым. Не лучше обстояло
дело с такими поселениями и на северо-западе штата Вашингтон, как, впрочем, и везде, где
он их видел.

Утром четырнадцатого августа, когда до
Дулута оставалось часа два езды, он свернул на
юг, на местную дорогу, и вскоре добрался до
Хиббинса и шахт. В воздухе висела краснова-
тая пыль, вокруг громыхали какие-то громад-
ные механизмы. От шахт отходили составы с
рудой, которую доставляли к озеру Верхнее,
где ее грузили на суда и отправляли дальше.

Кинкейд до вечера бродил по улицам Хиббинса и в конце концов решил, что город ему не по вкусу, пусть даже здесь родился Боб Циммерман-Дилан[1].

Да и среди песен Дилана по-настоящему ему нравилась только одна: «Девушка из Северного округа». Роберт мог играть и петь ее, и, покидая это место с гигантскими красными дырами, вырытыми в земле, он тихонько мурлыкал мотив этой песенки себе под нос. Мэриан когда-то показала ему несколько аккордов и научила, как нужно исполнять арпеджио[2], чтобы подыгрывать себе на гитаре. «Она оставила мне больше, чем я ей», — признался он однажды пьяному штурману с речного парохода, когда они сидели вместе в заведении под названием «Бар Макэлроя» среди болотистых низин Амазонки и выпивали. И он был прав.

А вот заповедник вокруг озера Верхнее действительно славный. Страна путешественников. В детстве Роберт мечтал о том, что ког-

---

[1] Циммерман — Дилан Боб.

[2] Арпеджио (ит. *arpeggio*, от агра — арфа) — исполнение звуков аккорда — вразбивку при игре на арфе, фортепьяно и других инструментах.

да он вырастет, то пополнит их ряды. Кинкейд проехал через луга, видел трех лосей, лисицу и великое множество оленей. У пруда он остановился — внимание его привлекла необычно изогнутая ветвь дерева, и Роберт сделал несколько снимков ее отражения в воде. Затем он присел на подножку грузовика покурить и выпить кофе. Наверху, в кронах берез, шумел ветер.

«Хорошо бы рядом кто-нибудь был. Женщина, — подумал он, глядя, как дым от сигареты медленно плывет над прудом. — Чем старше становишься, тем чаще приходят подобные мысли». Но жить с таким скитальцем, как он, слишком тяжело для того, кто остается дома. Он уже один раз пробовал.

В Беллингхеме Роберт встречался с женщиной, они познакомились, когда он делал заказ для рекламного агентства в Сиэтле. Она была арт-директором этого агентства — красивая, яркая женщина сорока двух лет и очень милый, славный человек. Но он не любил ее и никогда не смог бы полюбить.

Они встречались, когда обоим становилось одиноко, и проводили вместе вечер: сначала шли в кино, затем заходили куда-нибудь выпить пива, а потом возвращались домой и занимались любовью. Это было совсем неплохо. Жизнь она знала не по рассказам: два брака за спиной, в юности работала официанткой в баре и одновременно училась в колледже. Каждый раз, когда они лежали, отдыхая после очередного акта любви, она говорила: «Роберт, ты лучше всех. И вне конкуренции. Никто даже сравниться с тобой не может».

Вероятно, такие слова хотел бы услышать каждый мужчина, но сам он мало смыслил в этом вопросе, а способа выяснить, насколько искренне она это говорила, у него не было. Но как-то она сказала ему нечто совсем иное, и ее слова потом долго преследовали его: «Роберт, в тебе есть что-то не поддающееся определению, до чего у меня не хватает сил дотянуться. Но я не могу отделаться от ощущения, что будто ты живешь на свете очень-очень долго, дольше, чем обычные люди, и обитаешь в каких-то закрытых таинственных мирах, о которых никто из нас и понятия не имеет. Ты пугаешь, хотя со мной ты всегда ласков и нежен. Знаю, если бы я не старалась всеми силами контролировать себя, то давно бы уже тронулась, и никто и ничто бы меня не вылечило».

Он догадывался, что она имеет в виду, хотя никогда не смог бы выразить это словами. Будучи подростком, Роберт жил в маленьком городке в Огайо. Его часто преследовали какие-то неопределенные мысли, томительное предчувствие трагедии жизни сочеталось в нем со значительными физическими и умственными способностями. И в то время как его сверстники распевали «Плыви, плыви в лодке», он разучивал английские слова к сентиментальной французской песенке.

Роберта интересовали слова и образы. Одним из самых любимых было слово «голубой». Ему нравилось ощущение на губах и в языке, когда он произносил его. «Слова можно ощущать физически, а не только обозначать ими какие-то понятия» — так думал он в дни своей юности. Ему нравились и другие слова: «отдаленный», «дымный», «тракт», «старинный», «странствовать», «мореход» и еще «Индия», — нравилось, как они звучали, нравился их вкус и те образы, которые они вызывали в его сознании. Роберт имел целый список таких слов, которые он повесил на стене у себя в комнате.

Позже Роберт стал соединять слова в целые фразы. Их он выписывал на листах бумаги, которые тоже вешал на стены:

«Слишком близко к огню»;

«Я прибыл с Востока и вместе со мной караван»;

«Крики тех, кто хочет спасти меня, сменяются криками продающих меня. Кто же перекричит?»;

«Талисман, талисман, мне секрет свой открой.

Капитан, капитан, поверни-ка домой»;

«Лежу обнаженный на китовом ложе»;

«Она пожелала ему дымящихся рельс, когда состав отойдет на всех парах от зимнего вокзала»;

«Прежде чем стать человеком, я был стрелой, но как давно это было».

Но еще ему нравилось, как звучали некоторые названия: Сомалийское течение, гора Большой Томагавк, Малаккский пролив — и много-много других. В конце концов на стенах его комнаты не осталось ни единого свободного места: все было увешано листами со словами и фразами.

Даже его мать заметила, что Роберт не такой, как другие мальчики его возраста. До трех лет он вообще молчал, зато потом сразу стал говорить целыми предложениями, а к пяти годам уже прекрасно читал. В школе он доводил учителей до отчаяния полнейшим равнодушием ко всем без исключения предметам.

Они просмотрели результаты теста и вызвали его на беседу. Ему долго объясняли про достижения в жизни, убеждали: человек должен делать то, на что он способен. Говорили: он, Роберт Кинкейд, может добиться всего, чего захочет. В старших классах один из учителей написал в его характеристике следующее:

«Он (Роберт Кинкейд) считает, что „тест Ай-Кью непригоден для оценки способностей людей, потому что он не принимает в расчет магию, а она очень важна как сама по себе, так и в качестве дополнения к логике“. Предлагаю вызвать на собеседование родителей».

Его мать разговаривала с несколькими учителями, и, когда они начинали говорить ей о

молчаливом упорстве Роберта и его способ-
ностях, она отвечала: «Роберт живет в приду-
манном им самим мире. Я знаю, конечно, что
он мой сын, но иногда у меня возникает такое
чувство, будто он родился не от нас с мужем,
появился откуда-то из совсем другого места на
земле и теперь пытается туда вернуться.
Я очень признательна вам за внимание к нему
и попробую еще раз убедить его проявлять
больше интереса к учебе».

Но он предпочитал брать в местной библиотеке книги о приключениях и путешествиях и прочел все, какие только нашел в ней. Его
не интересовало мнение других о нем самом.
Он мог целые дни проводить у воды — их го-
родок стоял на реке. А футбол, вечеринки и
прочие подобные развлечения были ему попросту скучны. Он ловил рыбу, купался, бродил
вдоль берега или лежал в высокой траве, при-
слушиваясь к далеким голосам. Ему чудилось,
что они исходили из травы, и никто, кроме него, считал он, не мог их слышать. «Там живут
гномы-волшебники, — говорил он сам себе, —
и, если сидеть очень тихо и открыться им навстречу, они выйдут».

В такие минуты ему очень не хватало собаки. Денег, чтобы продолжать учебу в колледже, не было, да и особого желания тоже. Отец его много работал, и того, что он зарабатывал, хватало, чтобы прокормить семью, но и только. Зарплата рабочего не позволяла никаких лишних трат, в том числе и на собаку. Ему было восемнадцать, когда отец умер, а Великая депрессия уже сжимала свои железные объятия на шее нации, и он пошел в армию, потому что заботы о матери легли на его плечи, да и за себя теперь отвечал он сам. Четыре года Роберт пробыл в армии, и эти годы полностью изменили его жизнь.

Благодаря каким-то непостижимым соображениям, которыми руководствуется разум военных, его определили в помощники фотографа, хотя он и понятия не имел даже, как заряжать пленку в аппарат. Но именно тогда он и понял, что фотография — это дело его жизни. Техническая сторона не представляла для него затруднений. Через месяц он уже не только помогал печатать снимки двум армейским фотографам, но и получил разрешение самому работать на несложных объектах.

Робертом заинтересовался один из фотографов, Джим Петерсон, и, не пожалев времени, объяснил ему многие тонкости своей профессии. Роберт Кинкейд начал ходить в местную библиотеку в Форт Монмуте, где брал альбомы по фотографии и живописи и часами изучал их. Почти сразу Роберт почувствовал, что особенно его восхищают французские импрессионисты и Рембрандт — мастер светотени.

Постепенно он понял, что искусство фотографии заключается в том, чтобы снимать свет, а не предметы. Сам по себе предмет служит просто орудием для отражения света, его проводником. И если освещение хорошее, то всегда можно найти в предмете что-то достойное внимания фотографа. В те времена только начали появляться тридцатипятимиллиметровые аппараты, и он купил себе подержанную «лейку» в местном магазинчике фотопринадлежностей, которую и взял с собой на мыс Кейп-Мей в Нью-Джерси. Он провел там неделю своего отпуска, фотографируя все живое, что только замечал на берегу.

В следующий свой отпуск Роберт взял билет на автобус и доехал до штата Мэн, а затем, голосуя на дорогах, добрался до Восточного побережья. Там он сел на почтовый пароход, отходивший ночью из Стонингтона, и доплыл на нем до острова Оу, разбил палатку и провел там несколько дней. Потом сел на паром и через залив Фанди доплыл до Новой Скотии. Тогда-то он и начал описывать те места, которые хотел бы посетить еще раз. Пейзажам он уделял особое место, так как ему казалось, что они могли бы послужить фоном для какого-нибудь сюжета.

Кинкейду было двадцать два, когда он демобилизовался. Его уже знали как очень приличного фотографа, так что он без труда нашел работу в престижном доме моделей в Нью-Йорке в качестве помощника фотографа.

Девушки-фотомодели были очень красивы, он встречался с несколькими и в одну даже почти влюбился, но потом ей предложили работу в Париже, и они расстались. На прощание она сказала ему: «Роберт, я не знаю, кто ты и что ты такое, но, пожалуйста, приезжай в Париж».

Он обещал, что приедет, как только сможет, и в тот момент сам в это верил, но так и не поехал. Прошло много лет. Как-то ему довелось делать репортаж о пляжах Нормандии. Он нашел ее номер в телефонном справочнике Парижа и позвонил. Они встретились и поболтали, сидя за кофе в уличном кафе. Она вышла замуж за кинорежиссера, и у нее было трое детей.

Само понятие моды он не воспринимал. Люди выбрасывали совершенно новые, хорошие вещи или поскорее переделывали их в угоду требованиям европейских законодателей моды. Это казалось ему настолько глупым, что он чувствовал себя ничтожным, обслуживая эту отрасль человеческой деятельности.

— Я не понимаю, что вы делаете, — сказал Роберт на прощание людям, на которых он работал.

Он уже больше года жил в Нью-Йорке, когда умерла его мать. Роберт поспешил в Огайо, похоронил ее и предстал перед адвокатом для слушания последней воли умершей. Мать оставила немного. Сам он вообще ничего не ожидал и очень удивился, когда оказалось, что маленький домик его родителей был тем капиталом, который они накопили за всю свою жизнь. Роберт продал дом и на эти деньги купил первоклассную фотоаппаратуру. Выписывая чек в магазине, он думал о том, сколько лет его отец зарабатывал эти доллары, и о той предельно скромной жизни, которую вели его родители.

Тем временем его работы начали потихоньку появляться в различных небольших журналах. А потом позвонили из «Нейшнл джиографик». Им попался на глаза календарь с одним из его снимков, которые он сделал на мысе Кейп-Мей. Они поговорили с ним и дали маленькое задание, которое он выполнил на высоком профессиональном уровне. С этого момента он вышел на свою дорогу.

В сорок третьем году его снова призвали в армию. Он пошел служить на флот и пропахал весь путь до пляжей в южных морях с фотоаппаратом на плече. Лежа на спине, он снимал высадку десанта на берег, видел ужас на лицах людей, ощутил его сам, запечатлел, как падают матросы, разрезанные пополам пулеметным огнем, слышал, как они просят у Бога пощады и умоляют своих матерей спасти их от гибели. Многое попало в объектив его фотоаппарата, и при этом он сумел остаться в живых и с тех пор навсегда избавился от заблуждений, именуемых военной романтикой и славой профессии армейского фотографа.

Вернулся Роберт в сорок пятом году и сразу же позвонил в «Нейшнл джиографик». Они ждали его в любое время. Тогда он купил в Сан-Франциско мотоцикл и погнал его на юг, до Биг-Су. Там Роберт занимался любовью на пляже с виолончелисткой из Кармела, а потом подался на север. Внимание его привлек штат Вашингтон: ему понравились места, и он решил обосноваться там, на северо-западе Соединенных Штатов.

В пятьдесят два года он все еще видел перед собой свет. Теперь он побывал во всех тех местах, которые в детстве представали перед ним только на плакатах, и не переставал удивляться, что ему это удалось. Он видел Райфлз-Бар, поднялся вверх по Амазонке на моторной лодке, которая пыхтела и чихала, выпуская из себя струю вонючего дыма. На спине верблюда пересек пустыню Раджастхан.

Берег озера Верхнее радовал глаз — именно таким Роберт его и представлял: спокойным и безмятежным. Он осмотрел окрестности, нашел несколько мест, привлекательных с точки зрения композиции, и внес их в свой блокнот, а затем двинулся дальше вдоль Миссисипи, в штат Айова. Ему не приходилось раньше бывать здесь, но вид холмов, высившихся на северо-востоке штата, сразу же захватил его. Он остановился в небольшом городке Клейтон и два дня подряд выходил на рассвете фотографировать буксирные катера на реке. В местном баре Роберт познакомился с капитаном одного из буксиров. Капитан пригласил его на катер, где Роберт и провел остаток второго дня.

Отрезок пути по Шестьдесят пятой дороге занял мало времени, и было еще совсем рано в понедельник шестнадцатого августа тысяча девятьсот шестьдесят пятого года, когда он, проехав Де-Мойн, свернул на Девяносто вторую дорогу штата Айова и покатил в сторону округа Мэдисон, где в соответствии с указаниями «Нейшнл джиографик» находились крытые мосты.

— Да-да, их следует искать именно там, — подтвердил человек на бензоколонке «Тексако» и весьма сносно объяснил, как до них добраться.

Шесть мостов Роберт нашел легко и сразу же принялся обдумывать план съемки. Но седьмой — Розовый мост — он никак не мог разыскать. Жара стояла невыносимая. Ему самому было жарко, и «Гарри» — его грузовику — тоже, но он все ехал и ехал вперед, поворачивая то направо, то налево; одна каменистая дорога кончалась, начиналась другая, а больше ничего не происходило.

Путешествуя по разным странам, Роберт придерживался такого правила: «Спроси трижды». Это означало, что когда три раза спросишь, как попасть в то или иное интересующее тебя место, то, даже если все ответы окажутся неверными, ты, тем не менее, определишь, в каком направлении нужно двигаться. Здесь же, в штате Айова, возможно, хватит и двух раз.

Примерно в ста ярдах от дороги, в конце узкого проезда между кустами, он заметил почтовый ящик, на котором было написано: «Ричард Джонсон, РР2». Он сбавил скорость и свернул в проезд, надеясь спросить дорогу у владельцев почтового ящика.

Кинкейд подъехал к воротам фермы и увидел во дворе дома женщину. Она сидела на ступеньках крыльца. От всего этого места исходила прохлада, и женщина тоже пила чтото, показавшееся ему очень прохладным. Она поднялась со ступенек и направилась ему навстречу. Кинкейд вылез из кабины и посмотрел на нее, потом еще раз и еще. Она была очень красивая, или, возможно, прежде славилась красотой, или могла бы быть красивой. И сразу же он почувствовал неуклюжую стеснительность — ту самую стеснительность, свойственную ему только тогда, когда рядом появлялась женщина, которая хотя бы немного ему нравилась.

Франческа

Франческа родилась глубокой осенью... Холодный дождь хлестал по крыше ее дома, затерянного посреди просторов юга Айовы. Она стояла и смотрела на падающие капли дождя и на то, как проглядывают сквозь серую пелену холмы и река, и вспоминала Ричарда. В такой день он умер восемь лет назад от болезни, название которой ей не хотелось вспоминать. Но сейчас Франческа думала о нем и его неизменной доброте, о непоколебимых принципах, которым он никогда не изменял, о том, что, благодаря Ричарду, ее, Франчески, жизнь была спокойной и размеренной.

Дети уже позвонили. В этом году они оба опять не сумели приехать, хотя ей исполнилось уже шестьдесят семь. Как и прежде, она все поняла. Она всегда понимала их. И всегда будет понимать. Оба много работали, продвигаясь по ступенькам служебной лестницы, у обоих было много хлопот: нелегко заведовать клиникой и нелегко работать со студентами. Кроме того, Майклу нужно строить семью — уже во второй раз, а Кэролин пыталась сохранить свою. В глубине души Франческа радовалась, что детям никогда не удавалось приехать на ее день рождения — в этот день она выполняла свои ритуалы и не хотела, чтобы какие бы то ни было обстоятельства помешали их выполнению.

С утра к ней забежали друзья из Уинтерсета и принесли с собой торт. Франческа сварила кофе, и они немного поболтали. Разговор коснулся детей и города, затем они перешли на День благодарения и обсудили проблему подарков на Рождество. Все сидели в гостиной, то и дело разговор прерывали взрывы веселого смеха, голоса звучали то громче, то тише, и успокоение, которое Франческа черпала из ощущения давнего знакомства с этими людьми, напомнило ей об одной маленькой причине, по которой она осталась жить в этом доме после смерти Ричарда.

Майкл тогда усиленно предлагал ей переехать к нему во Флориду, Кэролин расхваливала Новую Англию. Но она осталась здесь, среди холмов Айовы, на своей земле, потому что хотела сохранить свой старый адрес. И была рада, что сделала это.

К полудню все разъехались. Франческа смотрела, как отъезжают гости в своих «бьюиках» и «фордах», сначала по дорожке от ворот ее дома, а затем сворачивают на мощенную камнем дорогу в сторону Уинтерсета. Щетки на стеклах машин работали на полную мощность, разгоняя дождь. Хорошие, добрые друзья, но никогда, никогда они не смогут понять то, что она, Франческа, хранила в своей душе, даже если бы она рассказала им все.

Муж когда-то сказал, что она найдет здесь много друзей. Он только привез ее сюда после войны из Неаполя. Ей вспомнились его слова: «У этих людей много недостатков, но равнодушия к чужим бедам ты не увидишь ни в ком из них». Так оно и оказалось.

Ей было двадцать пять, когда она познакомилась с Ричардом. Франческа уже три года преподавала после окончания университета в частной школе для девочек. Не раз она размышляла о своей дальнейшей судьбе. Одни молодые итальянцы погибли, другие находились в лагерях, а вернувшиеся домой были искалечены или сломлены войной. Ее роман с Никколо уже год как закончился под давлением ее родителей, воззрения которых на жизнь отличались значительным консерватизмом. Никколо преподавал в университете живопись, весь день он писал картины, а ночью пускался в самые дикие, безрассудные странствования по притонам Неаполя и брал ее с собой.

Она вплетала тогда ленты в черные волосы и оставалась верна своим мечтам. Но красивые моряки не сходили с кораблей на берег в поисках прекрасной Франчески, никто не пел под ее окнами серенады. Суровая тяжесть действительности давала о себе знать, и постепенно Франческа стала понимать, что выбирать ей, в сущности, было не из чего. А жизнь с Ричардом предполагала реальные перспективы. Рядом добрый и порядочный человек, поэтому радужные надежды на спокойную жизнь в Америке могли осуществиться.

Они сидели на улице в кафе под горячими лучами средиземноморского солнца. Франческа всматривалась в него, изучала его военную форму, отмечала, как серьезно смотрит на нее американец со Среднего Запада, а потом взяла да и поехала с ним в Айову. Поехала, чтобы родить ему двоих детей, а потом смотреть, как подросший Майкл играет в футбол холодными октябрьскими вечерами, и ездить в Де-Мойн с Кэролин за платьями для очередного школьного бала. Несколько раз Франческа обменялась письмами с сестрой, которая осталась жить в Неаполе, и дважды ездила туда, когда умерли отец и мать. Но ее домом стал округ Мэдисон, и она не чувствовала в себе никакого желания вернуться на родину.

Днем дождь прекратился, но к вечеру пошел опять. Начинало темнеть. Франческа налила себе рюмку бренди, открыла нижний ящик старинного орехового секретера — он принадлежал еще семье Ричарда и пережил три поколения. Она достала большой коричневый конверт и медленно провела по нему рукой, как делала это каждый раз в свой день рождения уже много лет.

На почтовом штемпеле значилось: «Сиэтл, штат Вашингтон. Двенадцатое сентября, тысяча девятьсот шестьдесят пятый год». Она всегда сначала смотрела на штемпель — это было началом ритуала. Затем взгляд ее скользил вниз, туда, где был написан ее адрес: «Франческе Джонсон, РР2, Уинтерсет, Айова». Дальше она смотрела на обратный адрес, небрежно нацарапанный в верхнем левом углу: «Почтовый ящик 642, Беллингхем, Вашингтон». Она присела в кресло у окна, не отводя взгляда от обоих адресов, и углубилась в воспоминания, ибо за этими строчками на конверте было движение его рук, а она хотела ощутить их прикосновение так, как она ощущала это двадцать два года назад.

Почувствовав наконец, как его руки касаются ее тела, Франческа открыла конверт и осторожно вынула три письма, рукопись, две фотографии и «Нейшнл джиографик» вместе с вырезками из других номеров этого же журнала. Сумерки сгущались. Она смотрела поверх бокала с бренди на строчки, написанные от руки на листке бумаги, прикрепленном к машинописным страницам рукописи. Вверху мелким шрифтом было напечатано: «Роберт Кинкейд, писатель и фотограф».

«12 сентября 1965 года.

Дорогая Франческа!

Посылаю тебе две фотографии. Одну из них я сделал, когда мы были с тобой на пастбище на рассвете. Надеюсь, она тебе понравится так же, как и мне. На другой — Розовый мост. На нем виднеется твоя записка.

С тех пор как я уехал, не даю покоя своим серым клеткам и заставляю их прокручивать снова и снова до мельчайших подробностей события, которые произошли между нами в те несколько дней, что мы были вместе. Я задаю себе один и тот же вопрос: что случилось со мной в округе Мэдисон? Стараюсь осознать это до конца. Вот почему я написал небольшую вещь — „Вырываясь из измерения «Зет»“, которую и посылаю тебе. С ее помощью пытался разобраться в себе, во всей той неразберихе мыслей и чувств, которая творится сейчас в моей душе.

Я смотрю в объектив — и вижу тебя, начинаю работать над какой-нибудь статьей, а пишу о тебе. Не могу даже сказать, как я вообще добрался домой из Айовы. Но старичок „Гарри" (мой грузовик, если помнишь) как-то довез меня. Но я совершенно не в состоянии объяснить, как ухитрился проехать все эти мили.

Всего лишь несколько недель назад я был замкнутым человеком, но это, в сущности, мне не мешало. Пожалуй, я не выглядел слишком счастливым и временами чувствовал свое одиночество, но тем не менее в целом я был удовлетворен жизнью. А теперь все изменилось.

Сейчас мне совершенно ясно, что я давно уже шел к тебе, а ты ко мне, хотя мы и не подозревали о существовании друг друга. Какая-то бездумная уверенность, скрытая глубоко под нашим неведением, и привела нас друг к другу. Как две одинокие птицы, мы парили над великой равниной, подчиняясь некоему небесному расчету, и все годы, прожитые нами, нужны были для того, чтобы мы наконец встретились.

Странная штука — дорога. Не ведая ни о чем, я брел себе и брел в тот августтовский день, и вдруг поднял глаза, а ты уже шла по траве навстречу. Оглядываясь назад, я понимаю, что произошло неизбежное, я называю это высочайшей вероятностью невероятного, а если попросту, иначе и быть не могло.

Теперь внутри меня живет другой человек. Хотя, пожалуй, лучше всего я смог выразить это ощущение в тот день, когда мы расстались. Я сказал тогда, что из нас двоих мы сотворили третью личность, и теперь она повсюду следует за мной.

Не знаю как, но мы должны увидеться снова где бы то ни было.

Позвони, если что-нибудь понадобится или просто соскучишься. Я мигом примчусь. А если соберешься сюда, дай мне знать обязательно в любое время. О билетах, если возникнет такая проблема, я позабочусь. На следующей неделе отбываю на юго-восток Индии, вернусь в конце октября.

Люблю тебя.
Роберт.

P.S. Мосты вышли замечательно. Появятся в „НД" в будущем году, так что жди. А хочешь, я пришлю тебе тот журнал, в котором их напечатают?»

Франческа Джонсон поставила рюмку на широкий дубовый подоконник и перевела взгляд на черно-белую фотографию восемь на десять — ее, Франчески, фотографию. Теперь уже ей не всегда удавалось вспомнить, как она выглядела тогда, двадцать два года тому назад. На ней полинялые джинсы в обтяжку, босоножки, белая футболка. Волосы развеваются на ветру. Сзади забор. Фотография сделана ранним утром.

Со своего места у окна Франческа могла видеть сквозь пелену дождя тот самый столб, к которому она прислонилась тогда. Старый забор все еще огораживал пастбище. После смерти Ричарда она сдала землю в аренду, но оговорила, что пастбище трогать нельзя, все должно остаться, как есть, и с тех пор оно так и стояло пустым и поросло высокой луговой травой.

Тогда первые глубокие морщины только начали появляться на ее лице, и на фотографии они были видны. Пленка выявила их. И все-таки она себе нравилась: волосы густые и черные, тело упругое, от него исходило тепло, джинсы обтягивали именно те места, какие надо. Но на фотографии приковывало к себе внимание именно лицо женщины, до безумия влюбленной в человека, снимавшего ее.

В потоке воспоминаний Франческа видела Роберта совершенно отчетливо. Каждый год в этот день она мысленно просеивала образы сквозь сознание, тщательно отделяя один от другого, не позволяя себе забыть ни одной мельчайшей подробности и навсегда запечатлевая в своей памяти события тех дней. Так, наверно, передавали устные предания из поколения в поколение древние племена.

Роберт был высокий, худой и сильный, а двигался, как трава под ветром, плавно, без усилий. Серебристо-седые волосы прикрывали уши и шею, и, надо сказать, выглядел он всегда слегка растрепанным, как будто только что сошел на землю после путешествия по бурному морю и пытался ладонью привести волосы в порядок. Узкое лицо, высокие скулы и лоб, наполовину прикрытый волосами, на фоне которых голубые глаза смотрелись особенно ярко. Взгляд его, казалось, постоянно перебегал с одного предмета на другой в поисках нового сюжета, новой композиции.

В то утро он все время улыбался и говорил ей, какой красивой и теплой она выглядит в лучах утреннего солнца, потом попросил Франческу прислониться к забору, а сам принялся кружить вокруг нее с фотоаппаратом, то опускаясь на колено, то вставая, а затем лег на спину и сфотографировал ее снизу вверх.

Франческе тогда было неловко при мысли, сколько пленки он извел на нее, но в то же время нравилось, что он уделяет ей столько внимания. А еще она надеялась, что никто из соседей не выедет на тракторе в такую рань. Впрочем, в то утро ей было все равно, что подумают соседи.

А Роберт все снимал и снимал кадр за кадром, перезаряжал пленку, менял объективы и все это время не переставал говорить ей, как она нравится ему и что он любит ее. «Франческа, ты невероятно красивая женщина», —

неустанно повторял он. А иногда выпрямлялся и просто смотрел на нее, вокруг нее, сквозь нее.

На фотографии видно, как явно очерчиваются соски под футболкой. Но ее это совершенно не смущало. Острое чувство горячей нежности пронизывало все ее тело при мысли, что Роберт так отчетливо видит ее грудь через объектив. Будь рядом Ричард, ей бы и в голову не пришло так одеться. Он не одобрил бы ее. Да она раньше, до встречи с Робертом Кинкейдом, никогда так и не одевалась.

А Роберт тогда попросил ее слегка выгнуть спину и, когда она сделала это, прошептал: «Да, да, вот так, хорошо. Оставайся так».

И теперь она смотрела на фотографию, которую он тогда сделал. Освещение было великолепным — он называл его рассеянно-ярким, — и створки фотоаппарата непрерывно щелкали, пока Роберт ходил вокруг нее.

Он был гибкий — именно это слово пришло ей на ум, когда она наблюдала за его движениями ранним утром на пастбище. В пятьдесят два года тело его состояло сплошь из мускулов, и они двигались под кожей с напряжением и силой, присущими лишь тем мужчинам, кто много работает и к тому же постоянно поддерживает форму. Он рассказал ей, что во время войны служил на флоте фотокорреспондентом. Их часть вела боевые действия на Тихом океане, и Франческе было нетрудно представить, как Роберт шагает по задымленному берегу вместе с моряками, тяжелая аппаратура при ходьбе бьет его по бедру, глаза не отрываются от объектива, и створки фотоаппарата раскалились добела от непрерывной работы.

Франческа снова перевела взгляд на фотографию и пристально всмотрелась в себя.

«Я и в самом деле неплохо выглядела, — подумала она, любуясь собой. — Собственно, я никогда больше не была так хороша, ни до, ни после. Это все он».

Франческа выпила еще немного бренди, а дождь, казалось оседлав холодный ноябрьский ветер, вместе с ним обрушивался в яростных порывах на весь мир.

Роберт Кинкейд был в каком-то смысле колдун и обитал сам по себе в никому не ведомых местах, таинственных и грозных. Франческа мгновенно почувствовала это, как только он ступил на землю, выйдя из своего грузо-

Роберт Джеймс Уоллер

вика в тот жаркий сухой понедельник августа тысяча девятьсот шестьдесят пятого года, и вошел в ворота ее дома. Ричард и дети уехали на ярмарку в Иллинойс — им предстояло выставить там призового бычка, который получал неизмеримо больше внимания с их стороны, нежели она. Но зато неделю Франческа могла распоряжаться собой как хотела.

Она сидела на ступеньках крыльца, пила чай со льдом и наблюдала без особого интереса, как поднимается столбом пыль на дороге от колес проезжавшей мимо машины. Машина — грузовик — двигалась медленно, как если бы водитель не был уверен в выбранном направлении. Наконец он притормозил и, свернув в проезд, медленно поехал прямо к ее дому. «Бог ты мой, — подумала она. — Кто это?»

Франческа была в джинсах и старой голубой ковбойке с закатанными рукавами. Ходить по такой жаре она предпочитала босиком. Длинные черные волосы Франческа забрала сзади в хвост, заколов их черепаховым гребнем, подаренным ей отцом, когда она уезжала из Италии.

54

Грузовик подкатил к самым воротам и остановился рядом с проволочным забором. Франческа встала и неторопливо пошла навстречу незнакомцу. А из грузовика выпрыгнул Роберт Кинкейд, который выглядел в точности как картинка из несуществующей книги под названием «Иллюстрированная история шаманства и колдовства».

Бежевая, военного образца рубашка насквозь пропиталась потом и прилипла к спине, темные широкие круги виднелись под мышками. Три верхние пуговицы на рубашке были расстегнуты, и ей бросились в глаза мощные грудные мышцы под простенькой серебряной цепочкой. Поверх рубашки проходили широкие полосы подтяжек оранжевого цвета — такие обычно носят люди, чья жизнь связана с пребыванием в дикой местности.

Он улыбнулся:

— Простите, что приходится вас беспокоить, но дело в том, что я ищу крытый мост, но никак не могу найти. Боюсь, что на данный момент я заблудился.

Роберт вытер лоб синим носовым платком и снова улыбнулся. Его взгляд был устремлен прямо на Франческу, и она почувствовала, как что-то шевельнулось у нее внутри. Глаза, голос, лицо, серебристо-седые волосы, легкость, с которой он нес свое тело, — все это древние тропы. Они заманивают и завлекают тебя, нашептывают тебе нечто в то самое краткое мгновение, когда еще не спишь, но сон уже пришел и все преграды пали. Тропы, которые пересекают космическое пространство длиной в один атом, что разделяет мужское и женское начало на любой ступени эволюционного развития. «Род должен продолжаться», — шепчут древние тропы, и это все, что им нужно, больше ничего. Власть их безгранична, и способы ее осуществления отточенны и просты. Тропы ведут всегда в одном направлении, вперед, к цели, которая ясна. Идти по ним легко, к сожалению, мы все запутываем и запутываемся сами. Франческа поняла это сразу, так как клетки ее тела приняли сообщение. И тогда случилось то, что изменило ее жизнь навсегда.

По дороге, поднимая за собой облако пыли, проехал автомобиль и посигналил ей. Бронзовая рука Флойда Кларка просунулась в окно «шевроле», и Франческа помахала ему в ответ, а потом снова повернулась к Роберту.

— Вы почти у цели, — сказала она. — Отсюда до моста две мили.

И после долгих лет жизни в замкнутом кругу с четко очерченными правилами поведения и скрытыми глубоко в душе чувствами, как того требовали сельские обычаи, Франческа Джонсон произнесла нечто удивительное для самой себя.

— Если хотите, — сказала она, — я буду рада показать вам дорогу.

Франческа так никогда и не поняла до конца, как смогли эти слова вырваться наружу. Возможно, причиной тому были юные чувства, еще жившие в ней и поднявшиеся на поверхность ее души, как поднимаются пузырьки воздуха из глубины озера и лопаются наверху. Кто знает? Она не страдала особой застенчивостью, но и развязной тоже не была. В конце концов она заключила, что Роберт Кинкейд каким-то образом расположил ее к себе за те несколько секунд, что она смотрела на него.

Он явно был ошарашен ее предложением, но быстро пришел в себя и очень серьезно сказал, что будет признателен за помощь. Франческа сбегала к заднему крыльцу, надела свои рабочие сапоги и последовала за ним к грузовику.

— Подождите минутку, хорошо? Я только освобожу для вас место, а то здесь все забито, — пробормотал он, больше обращаясь к самому себе, и Франческа поняла, что он смущен и взволнован предстоящей поездкой.

Он принялся перекладывать штативы, холщовые мешки и распихивать по углам бумажные пакеты. Наверху, в кузове, она заметила старый рыжий чемодан и футляр с гитарой, оба пыльные и потрепанные. Куском бельевой веревки они были привязаны к запасному колесу — для надежности.

Дверца кабины качалась, слегка ударяя Роберта по спине, и он все бормотал что-то, перекладывал с места на место вещи, засовывал в коричневый пакет бумажные стаканчики из-под кофе и банановую кожуру. Покончив с уборкой, он швырнул пакет в кузов. Бело-голубой переносной холодильник он задвинул подальше в угол кабины. На зеленой дверце грузовика Франческа заметила полустершуюся надпись: «Фотомастерская Кинкейда, Беллингхем, Вашингтон».

— Ну вот, теперь, я думаю, вы протиснитесь.

Пока она садилась, Роберт придерживал дверь, затем закрыл ее, обошел грузовик и неуловимо быстрым движением запрыгнул в кабину. Искоса взглянув на нее, он слегка улыбнулся и спросил:

— Куда ехать?

— Направо... — И Франческа показала рукой.

Он повернул ключ зажигания, и до того молчавший двигатель заработал. Грузовик тронулся, подпрыгивая на каждом бугорке. Его длинные ноги нажимали на педали, края потрепанных джинсов задевали за кожаные шнурки высоких коричневых ботинок, глядя на которые можно было сразу определить, что их хозяин много ходит пешком.

Он наклонился вперед, задев ненамеренно ее бедро, и открыл ящичек. Поглядывая на дорогу, он некоторое время шарил там рукой и среди всевозможных вещей нашел наконец визитную карточку и вытащил ее.

— Роберт Кинкейд, писатель и фотограф, — представился он.

Она посмотрела на карточку. Адрес был напечатан тут же, вместе с номером телефона.

— Я здесь по заданию «Нейшнл джио-график», — объяснил он. — Вы знаете этот журнал?

— Да, — ответила она, а про себя подумала: «Да кто ж его не знает?»

— Они хотят сделать очерк о крытых мостах, а здесь, в Айове, есть кое-что интересное. Я обнаружил уже шесть мостов, но, насколько я знаю, есть еще седьмой, где-то подальше.

— Он называется Розовым, — сказала Франческа, стараясь перекричать шум ветра, скрежет колес и рев двигателя. Голос ее звучал странно, как будто он принадлежал не ей, а кому-то другому — той девочке из Неаполя, которая надеялась увидеть, как с поезда или с корабля сойдет ее единственный, долгожданный возлюбленный и стремительно направится к ней по этой улице. Она продолжала что-то говорить, а сама смотрела, как напрягаются мускулы его руки, когда Роберт переключал скорость.

Рядом с ее сиденьем лежали два рюкзака. Клапан одного из них был застегнут, но край другого загнулся, и Франческа увидела серебристо-серую крышку и черный корпус фото-аппарата, к которому была привязана коробка с пленкой «Кодакхром-II». Среди пакетов она заметила коричневую безрукавку со множеством карманов. Из одного кармана торчал тонкий провод со штоком на конце.

Под ногами у нее лежали два штатива, покрытые сплошь царапинами. Но на одном из них Франческа сумела прочитать название фирмы «Джитзо». Еще она разглядела, что в ящичке вперемешку валялись блокноты, карты, ручки, катушки из-под пленки и прочий хлам. Там же лежали разменная мелочь и блок сигарет «Кэмел».

— За углом сверните направо, — подсказала она и, пользуясь случаем, взглянула на его профиль. Загорелый гладкий лоб блестел от пота, красивый рот — это она заметила почему-то с самого начала, — а нос как у индейца. Когда-то давно — дети были еще совсем маленькими — они всей семьей ездили отдохнуть на Западное побережье, и Франческа запомнила, как выглядят мужчины-индейцы в профиль.

Он не был красив в общепринятом смысле этого слова, но и простоватым она тоже бы не назвала его. Ни то, ни другое определение не подходило ему. В нем таилось что-то такое, чему нет названия, нечто очень древнее, на чем годы оставили свой след, — не во внешности, конечно, а в глазах.

На левой руке он носил какие-то замысловатые часы на кожаном, пропитанном потом ремешке, на правой Франческа увидела серебряный браслет со сложным орнаментом. «Браслет не мешало бы почистить», — подумала она, но тут же мысленно обругала себя за провинциальное внимание к мелочам — привычку, против которой сама же боролась все эти годы.

Роберт Кинкейд достал из нагрудного кармана пачку «Кэмел», вытряхнул из нее сигарету и предложил ей. И снова за последние пять минут Франческе пришлось удивляться самой себе, потому что она взяла сигарету. «Что я делаю?» — задумалась она. Когда-то она не прочь была покурить, но давно уже отказалась от этой привычки под настойчивым давлением со стороны Ричарда.

Он вытряхнул еще одну сигарету, сунул ее в рот и достал зажигалку — золотую «Зиппо». Щелкнув колесиком, он поднес зажигалку к ее сигарете, не отводя взгляда от дороги.

Франческа заслонила огонек ладонями от ветра. Ей пришлось слегка опереться на его руку, потому что из-за тряски в машине она никак не могла коснуться концом сигареты мелькающего пламени. Понадобилась всего секунда, чтобы прикурить, но и за это время она успела почувствовать тепло его руки и крохотные волоски на коже.

Франческа откинулась назад. Он поднес зажигалку к своей сигарете, ловко прикрыл огонек одной рукой и закурил. Это движение заняло у него доли секунды.

Франческа Джонсон, жена фермера из Айовы, удобно устроилась на пыльном сиденье грузовика, курила и показывала дорогу Роберту Кинкейду.

— Ну вот, за поворотом вы увидите его, — наконец произнесла она, вытягивая вперед руку.

Старый мост соединял берега неширокой речки. Он немного покосился от времени, краска в некоторых местах совсем облупилась.

Роберт Кинкейд улыбнулся, потом быстро взглянул на нее и сказал:

— Я приду сюда на восходе. Замечательно получится.

Он остановил грузовик футов за сто от моста и спрыгнул на землю, стащив за собой рюкзак с загнутым клапаном.

— Хочу немного осмотреться, — сказал он Франческе. — Вы не против?

Она не возражала и улыбнулась ему в ответ.

Из окна кабины Франческа наблюдала, как Роберт идет по дороге, на ходу вытаскивая из рюкзака фотоаппарат, а затем закидывает мешок на левое плечо. Судя по легкости движения, он, должно быть, проделывал это тысячу раз. И все время его голова находилась в движении, он смотрел то в одну сторону, то в другую, потом на мост, на деревья рядом с мостом. Один раз Роберт обернулся и взглянул на нее. Его лицо было очень серьезно.

По сравнению с местными жителями, которые питались в основном картошкой с мясом и подливой, некоторые по три раза в день, Роберт Кинкейд выглядел так, словно он ел исключительно фрукты, орехи и овощи.

«Видно, что он физически сильный», — подумала она.

Франческа обратила внимание на его узкий таз, который так туго обтягивали джинсы, что были видны контуры бумажника в левом кармане и носового платка в правом. Роберт ходил плавно, не делая ни одного лишнего движения.

Вокруг стояла тишина. Краснокрылый дрозд сидел на заборе и посматривал на Франческу черным блестящим глазом. Из придорожной травы доносился зов лугового жаворонка. А больше ни звука, ни движения не было заметно под белым августовским солнцем.

Не дойдя до моста, Роберт Кинкейд остановился. Он постоял немного, потом присел на корточки и посмотрел на мост через объектив. Перешел дорогу и проделал то же самое с другой стороны, после чего углубился под крышу моста и принялся рассматривать балки и доски настила, а затем, выглянув через проем сбоку, посмотрел вниз, на реку.

Франческа потушила окурок, толкнула дверь и выпрыгнула из кабины. Взгляд ее скользнул по дороге: соседских машин как будто не видно. Она направилась к мосту. Полуденное солнце пекло нещадно, а под крышей моста, казалось, можно было найти прохладу. На мгновение силуэт Роберта мелькнул у другого выхода, потом он направился вниз, к ручью, и исчез.

Под крышей негромко ворковали в гнездах голуби. Она положила руку на перила и ощутила мягкий жар, исходивший от дерева. Там и сям на планках попадались следы деяний человека в виде надписей: «Джимбо — Денисон, Айова», «Шерри + Дабби» и «Вперед, ястребы!». Голубиное воркование не умолкало ни на мгновение.

Франческа просунула голову в щель между двумя досками и посмотрела вниз, в ту сторону, куда ушел Роберт Кинкейд. Он стоял на камне посреди речки и смотрел на мост — и вдруг помахал ей рукой. Франческа вздрогнула. Он благополучно перебрался на берег и с легкостью принялся взбираться по крутому каменистому склону. Но Франческа не шевельнулась и продолжала смотреть на воду. Только когда она услышала звук его шагов по деревянному настилу, повернула голову.

— Здесь и в самом деле красивое место, — сказал Роберт, и голос его гулким эхом разнесся по всему мосту.

Франческа кивнула:

— Да, вы правы. Но мы, местные жители, привыкли к этим мостам и считаем их за нечто само собой разумеющееся, так что даже перестали их замечать.

Он подошел к ней и протянул букетик полевых цветов.

— Спасибо за экскурсию, — улыбнулся он. — Я приеду сюда через пару дней и сделаю несколько снимков.

Странное чувство, которое она испытала, увидев его в первый раз, вернулось. Цветы. Никто никогда не дарил ей цветов, даже по самым торжественным случаям.

— Я не знаю, как вас зовут, — сказал он, и Франческа вспомнила наконец, что так и не назвала ему своего имени, и это смутило ее гораздо больше, чем она могла предположить. Некоторое время Франческа молча смотрела на него, затем представилась. Он кивнул и сказал:

— Я уловил легчайший акцент. Вы из Италии?

— Да, но уже много лет, как уехала оттуда.

И снова они в кабине грузовика, снова едут по каменистой неровной дороге, а солнце потихоньку опускается к горизонту. Дважды им навстречу попадались машины, но людей за рулем Франческа не знала. Дорога назад, на ферму, заняла четыре минуты, и за это время она уплыла в мыслях куда-то очень далеко. Все стало просто и одновременно непонятно. Общение с Робертом Кинкейдом не должно закончиться — вот то, чего она теперь хотела. Ей нужно было знать о нем больше. Франческа сидела, стиснув букет на коленях, как школьница после загородной прогулки. Кровь бросилась ей в лицо, она чувствовала это. Франческа не сделала и не сказала ничего особенного, но ощущение было таким, будто она переступила какую-то границу. Из приемника, едва слышного в шуме ветра и рокоте мотора, донеслись звуки гитары, а затем сразу же началась программа пятичасовых новостей.

Грузовик свернул к ее дому.

— Ричард — это ваш муж?

Они подъехали к почтовому ящику.

— Да, — ответила Франческа каким-то приглушенным голосом. Начав говорить, она уже не могла остановиться и продолжала: — Довольно жарко. Не хотите ли зайти выпить чаю со льдом?

Он испытующе взглянул на нее:

— Если это без проблем, то я с удовольствием зайду.

— Без проблем, — сказала Франческа.

Она попросила его поставить грузовик за дом, надеясь в глубине души, что ее слова прозвучали естественно. Ей, конечно, не хотелось, чтобы, когда Ричард вернется, кто-нибудь из соседей заявил: «Привет, Дик, что-нибудь строишь? Я тут видел на прошлой неделе зеленый грузовик у тебя во дворе. Но Фрэнни-то, я знал, оставалась дома, вот я и не стал проверять кто да что».

Так, а теперь вверх по раскрошившимся от времени цементным ступенькам к заднему крыльцу. Он придержал перед ней дверь. С собой он взял рюкзаки с аппаратурой.

— Зверская жарища. Нельзя оставлять в кабине, — объяснил он, занося рюкзаки в дом.

В кухне было немного прохладнее, но все-таки тоже жарко. Навстречу им поднялся пес — шотландская овчарка — и шумно обнюхал ботинки Кинкейда, после чего отправился на крыльцо и завозился там на ступеньках. Франческа достала металлический поднос со льдом и принялась разливать чай из большой стеклянной банки в стаканы. Спиной она чувствовала, что Роберт Кинкейд смотрит на нее со своего места за столом. Он сидел, вытянув ноги, и время от времени проводил руками по волосам, пытаясь их пригладить.

— С лимоном? — спросила она.

— Да, пожалуйста.

— Сахару?

— Нет, спасибо.

Лимонный сок медленно стекал по стенке стакана, и он это заметил. Роберт Кинкейд замечал все.

Франческа поставила перед ним стакан с чаем. Цветы она поместила в старый пластмассовый бокал с изображением утенка Дональда сбоку. Затем прислонилась к раковине, нагнулась и, балансируя на одной ноге, принялась стаскивать сапог. Потом, переступив на босую ногу, она проделала то же самое со вторым сапогом.

Роберт сделал маленький глоток чая и снова посмотрел на нее. «Примерно пять футов шесть дюймов росту, — определил он. — На вид лет сорок или чуть больше. Прелестное нежное лицо, прекрасное теплое тело». Но в своих путешествиях по миру он часто встречал красивых женщин. Физическое совершенство, бесспорно, было приятно само по себе, но для Роберта действительную ценность представляло другое: интеллект и страсть как проявление жизненного опыта, способность воспринимать тончайшие движения ума и духа и побуждать к этому другого — вот что имело для него значение. Поэтому почти во всех случаях молодые женщины, даже самые красивые, не казались ему привлекательными. Они жили еще слишком мало или слишком легко, чтобы обладать теми качествами, которые интересовали его.

А во Франческе Джонсон что-то привлекло его сразу же. Ум — вот что он почувствовал. И страсть в ней тоже чувствовалась, хотя он не мог определить, на что именно эта страсть направлена и была ли она направлена вообще.

Позже он сказал ей, что совершенно необъяснимым образом момент, когда она снимала на кухне сапоги, стал для него одним из самых чувственных из всех, которые он когда-либо испытывал в жизни. Почему — роли не играло. В его восприятии жизни причины явлений были несущественны. «Анализ разрушает целое. Есть некоторые вещи, таинственные вещи, которые должны оставаться нетронутыми. Если будешь рассматривать их по частям, они исчезнут». Таковы были его слова.

Франческа села за стол, поджав под себя ногу. Волосы ее растрепались, несколько прядей упали на глаза. Она откинула волосы назад, снова забрала их в хвост, заколов гребнем. Затем, спохватившись, поднялась снова, подошла к буфету, достала оттуда пепельницу и поставила на стол так, чтобы Роберту было удобно стряхивать пепел.

Поняв это как молчаливое разрешение курить, он достал пачку «Кэмел» и протянул Франческе. Она взяла сигарету и заметила, что сигарета была слегка влажная — так сильно он вспотел. Повторился прежний ритуал: он протянул ей золотую «Зиппо», она оперлась рукой о его руку, ощутила кончиками пальцев тепло его кожи и откинулась назад. Сигарета на вкус была изумительной, и Франческа улыбнулась.

— Чем же вы все-таки занимаетесь — я имею в виду вашу работу как фотографа... — спросила она.

Он посмотрел на кончик своей сигареты и неторопливо заговорил:

— Я — фотограф, работаю по контракту, э-э... с «Нейшнл джиографик». Это занимает половину моего времени. Я рождаю идеи, продаю их журналу и делаю снимки. Или им приходит что-нибудь в голову, и тогда они связываются со мной и объясняют, что им нужно. Возможностей для самовыражения здесь, конечно, немного. У них довольно-таки консервативные вкусы, но зато хорошо платят. Деньги, понятно, не бешеные, но вполне приличные, и задержек не бывает. Оставшееся время я работаю на себя. Пишу и снимаю, потом посылаю свои работы в другие журналы. Н-ну, если с деньгами начинает поджимать, я беру заказ в какой-нибудь фирме, хотя и не люблю этого — они вечно ставят до черта жесткие условия.

Иногда я пишу стихи, но это так, для себя. Время от времени я пытаюсь писать и прозу, но, по-моему, у меня нет к этому таланта. Живу я к северу от Сиэтла и часто брожу по тамошним местам — фотографирую рыбачьи лодки, индейские поселения или просто пейзажи. Это мои любимые сюжеты.

«Нейшнл» часто отправляет меня на пару месяцев куда-нибудь вроде бассейна Амазонки или в пустыню Северной Африки. Обычно на такие задания, как это, я лечу на самолете, но в этот раз мне захотелось проехать по стране на машине и разведать, где что можно поснимать в будущем. Полюбовался озером Верхним, обратно поеду через Черные холмы. А чем занимаетесь вы?

Вопрос застал Франческу врасплох, и она на секунду растерялась.

— О господи, ничем, даже близко похожим на вашу работу. Я закончила университет по специальности «сравнительная литература». Когда в сорок шестом году я приехала в Уинтерсет, здесь не хватало учителей, а я была замужем за местным жителем, к тому же еще ветераном войны, так что они сочли меня пригодной для преподавания в школе. Я получила диплом учителя и несколько лет преподавала английский у старших школьников. Но Ричарду не нравилось, что я работаю. Он сказал, что может содержать семью сам, а мне незачем работать, тем более что дети были совсем еще маленькие. Так что я бросила работу и стала стопроцентной фермерской женой. Вот и все.

Франческа обратила внимание, что его стакан уже почти пуст, и налила ему еще чаю.

— Спасибо. Нравится вам жить в Айове?

В вопросе заключалась вся суть ее жизни. Ответить на него означало для нее сказать, довольна ли она тем, как прожила жизнь. Она давно поняла это, но обычно отвечала несколькими словами: «Да, здесь прекрасное место, очень спокойное, и люди просто замечательные».

На этот раз Франческа задумалась.

— Можно мне еще сигарету? — попросила она.

Снова пачка «Кэмел», зажигалка, прикосновение к его руке.

Солнечный луч переполз на заднее крыльцо, и лежавшая там собака немедленно поднялась и ушла в тень. Франческа впервые за весь разговор посмотрела Роберту Кинкейду в глаза:

— Вообще-то я должна ответить вам, что здесь замечательно, спокойно, вокруг хорошие люди. И это правда. Здесь спокойно. И люди здесь действительно хорошие во многих отношениях. Мы все помогаем друг другу. Например, если кто-нибудь заболеет или получит серьезную травму, соседи берут всю работу на себя, убирают кукурузу и овес и делают все, что нужно. В городе оставляют машины незапертыми, а детей отпускают гулять, не беспокоясь за них. И вообще о здешних людях можно сказать очень много хорошего, и я уважаю их и ценю. Но... — Она заколебалась и снова посмотрела на него. — Но это не то, о чем я мечтала в юности.

Вот оно, признание, она наконец сказала ему. Эти слова жили в ней многие годы, но Франческа никогда не позволяла им вырваться наружу. А теперь она открылась человеку с зеленым грузовиком из Беллингхема, штат Вашингтон.

Несколько секунд он молчал, а потом сказал:

— Знаете, я позавчера записал кое-что в свой блокнот, может, в будущем пригодится. Я ехал по дороге, и мне пришла в голову одна мысль. Со мной это часто случается. Она звучит примерно так: «Прежние мечты были прекрасны. Они не сбылись, но я рад, что они у меня были». Не знаю, что бы эта мысль могла означать, но, думаю, я найду ей применение. Так что, мне кажется, я понимаю, что вы чувствуете.

И тогда Франческа улыбнулась ему. Впервые она улыбнулась теплой широкой улыбкой.

Инстинкт игрока одержал верх над осторожностью, и она сказала:

— Может быть, останетесь поужинать? Муж и дети, правда, сейчас в отъезде, так что еды в доме не слишком много, но я что-нибудь придумаю.

— Вообще-то, если честно, мне здорово надоели рестораны и сухомятка. Это точно. Так что, если не причиню слишком большого беспокойства, я буду рад принять ваше приглашение.

Франческа задумалась.

— Как вы относитесь к свиным отбивным? Я быстро приготовлю их с овощами из своего огорода.

— Овощи — это как раз то, что надо, — ответил Кинкейд. — Я не ем мяса. Уже много лет. Здесь нет никаких идей, просто без мяса я лучше себя чувствую.

Франческа снова улыбнулась:

— В наших краях такая точка зрения не пользовалась бы популярностью. Ричард и его друзья сказали бы, что вы пытаетесь испортить их мужские достоинства. Сама я не ем много мяса, не знаю почему. Просто, наверно, я равнодушна к нему. Но каждый раз, когда я пытаюсь накормить свое семейство вегетарианским ужином, мне приходится выслушивать громкие вопли протеста. Так что я окончательно отказалась от своих попыток. А теперь будет даже приятно приготовить что-то другое ради разнообразия.

— Замечательно, но только, пожалуйста, не слишком беспокойтесь. Да, вот еще какая штука. Я тут положил пленку охлаждаться. Теперь мне нужно вылить воду и подтаявший лед и еще кое-что сделать. Это займет некоторое время.

Он допил остатки чая и поднялся.

Франческа смотрела ему вслед. Роберт Кинкейд вышел на крыльцо и спустился по ступенькам во двор. Закрывая дверь, он придержал ее, чтобы она тихо закрылась. Обычно людям и в голову не приходило подумать о подобных мелочах, и дверь хлопала со всего размаха. Проходя мимо собаки, он потрепал ее по шее, и шотландская овчарка в знак благодарности облизала ему руки влажным шершавым языком.

Наверху Франческа быстро приняла душ и, вытираясь, выглянула поверх занавески во двор. Роберт Кинкейд открыл чемодан и поливал себя из шланга, пользуясь старым ручным насосом. «Надо было ему сказать, что он может воспользоваться душем, если хочет», — подумала она. И ведь Франческа же хотела это сделать, но мысль о недостаточно близком знакомстве остановила ее, и в конце концов она настолько смутилась, что вообще ничего не сказала.

Но Роберту Кинкейду приходилось мыться и в худших условиях. Например, черпая протухшую воду из ведра в джунглях Амазонки или поливая себя из фляжки посреди пустыни. Теперь же он разделся до пояса и, приспособив грязную рубашку в качестве мочалки и полотенца одновременно, вымылся и принялся вытираться.

«Полотенце, — упрекнула себя Франческа, глядя на него из окна, — уж полотенце-то я могла бы ему дать».

На цементной дорожке рядом с насосом блестела бритва, и Франческа увидела, что он намыливает лицо. И снова она подумала о том, что никакое другое слово не может описать его лучше, чем слово «сильный». Не сказать, чтобы крупный или очень высокий — шесть футов, возможно, чуть выше и, пожалуй, худой. Но для своего размера он был очень широк в плечах, с плоским мускулистым животом. Франческа затруднялась определить, сколько ему лет — слишком молодо он выглядел, и, уж конечно, Роберт совсем не походил на мужчин, которых она привыкла видеть рядом — с их пристрастием к печенью со сладким сиропом по утрам.

В последнюю свою вылазку по магазинам в Де-Мойне она купила новые духи под названием «Песнь южного ветра». Теперь она достала их, открыла крышечку и провела ею по волосам. Хорошо, больше не надо. Но что надеть? Особенно наряжаться не годится — он будет в своей рабочей одежде. Пожалуй, лучше всего так: белая футболка с длинным рукавом — рукава закатать до локтя, чистые джинсы и босоножки. В ушах у нее будут золотые сережки в виде колец, про которые Ричард как-то сказал, что в них она похожа на особу легкого поведения. На руку можно надеть золотой браслет. Волосы она закрепит заколками по бокам, а сзади распустит по плечам. Да, вот так, хорошо.

Когда она вошла в кухню, Роберт Кинкейд уже сидел там вместе со своими рюкзаками и холодильником. Он надел чистую рубашку цвета хаки и все те же оранжевые подтяжки. На столе перед ним лежали три фотоаппарата, пять объективов и новая пачка «Кэмел». На всех фотоаппаратах имелась наклейка «Никон». Объективы, она заметила, предназначались для съемок на разном расстоянии и имели такую же наклейку. Аппаратура была сильно поцарапана, в некоторых местах виднелись зазубрины, но обращался он с ней аккуратно, хотя и без особой осторожности: продувал какие-то отверстия, сметал щеточкой пыль, вытирал пластмассовые части.

Услышав ее шаги, он поднял глаза. Лицо его было серьезно — это было лицо человека застенчивого и ранимого.

— У меня там, в холодильнике, есть пиво. Хотите?

— С удовольствием выпью.

Он достал две бутылки «Будвейзера». В холодильнике она заметила пластмассовые коробки с пленкой и еще четыре бутылки пива, помимо тех, что он вынул.

Франческа выдвинула ящик буфета в поисках консервного ножа, но он сказал:

— У меня есть, — и вытащил из футляра нож, тот, что висел у него на поясе. Негромкий щелчок — и пробка отскочила.

Он передал ей бутылку, поднял свою и произнес нечто вроде тоста:

— За крытые мосты в послеполуденную жару. Или нет, лучше за мосты в теплых алых лучах восходящего солнца... — И широко заулыбался.

Франческа ничего не ответила, только слегка улыбнулась в ответ и нерешительно, с неловкостью приподняла бутылку. Странный гость, цветы, духи, пиво и этот тост в жаркий понедельник в конце лета — слишком много всего одновременно.

— Давным-давно жили на свете люди, которые умирали от жажды. Было это в знойный августовский полдень. И вот некто смотрел, смотрел, как они мучаются, а потом — раз! — и изобрел пиво. Вот откуда оно произошло, и никто больше не мучается жаждой.

Продолжая говорить, он в то же время возился с фотоаппаратом, подкручивал какой-то винт на крышке крошечной отверткой. Казалось, он разговаривает с фотоаппаратом, а не с Франческой.

— Мне нужно на минутку выйти в сад, — сказала она. — Я сейчас вернусь.

Он поднял глаза:

— Нужна моя помощь?

Она покачала головой и прошла к двери, ощущая его пристальный взгляд. Ей подумалось, что он, наверно, провожал ее глазами до самого сада.

Она не ошиблась. Он действительно смотрел на нее. Потом отвел взгляд, покачал головой и снова посмотрел ей вслед. Роберт подумал, что не ошибся, обнаружив в ней глубокий ум, почувствовал, что хотел бы знать, прав ли он и в других своих предположениях. Его тянуло к Франческе, но он как мог сопротивлялся этому желанию.

Солнце уже ушло из сада. Франческа с облупленной белой эмалированной кастрюлей медленно двигалась вдоль грядок, собирая морковку, петрушку, пастернак, лук и репу.

Когда она вернулась на кухню, Роберт Кинкейд перепаковывал рюкзаки, причем очень ловко и умело. Каждая вещь явно имела свое собственное место, куда они и были разложены. Он уже допил свою бутылку и открыл еще две, хотя у нее еще оставалось пиво. Франческа запрокинула голову, допила свою бутылку до конца и протянула ее Кинкейду.

— Могу я чем-нибудь помочь? — спросил он.

— Принесите арбуз с крыльца и несколько картофелин. Корзина рядом с крыльцом.

Легкость, с которой Роберт передвигался, снова поразила ее — так быстро он вернулся с арбузом под мышкой и четырьмя картофелинами в руках.

— Хватит?

Она кивнула. Ей пришло в голову, что он больше похож на духа, чем на человека. Кинкейд положил картофелины на кухонный стол рядом с раковиной, где Франческа мыла овощи, и снова сел на прежнее место и закурил.

— Долго вы собираетесь здесь пробыть? — спросила Франческа, внимательно осматривая каждую морковку.

— Пока еще не знаю. Торопиться мне некуда — на работу с мостами мне дали три недели. Так что, думаю, я уеду, как только отсниму все, что только возможно. Скорее всего через неделю.

— Где вы остановились? В городе?

— Да. Там есть заведение с коттеджами. Мотель. Я только сегодня утром поселился, даже еще не успел распаковать вещи.

— В городе один мотель. Правда, миссис Карлсон принимает постояльцев. Рестораны, боюсь, вас разочаруют, особенно если учесть ваши привычки.

— Я знаю. Обычная история. Но я уже научился обходиться без ресторанов. Тем более в это время года. Я покупаю еду в магазинах и на придорожных лотках. Беру хлеб и что-нибудь еще, так что в принципе особых лишений я не испытываю. Но конечно, прийти вот так в дом поужинать очень приятно. Большое спасибо за приглашение.

Она включила радио — маленький приемничек всего с двумя программами. Его динамики были затянуты коричневой тканью.

«Погода за меня, и время в кулаке...» — запел голос, а откуда-то снизу донеслось дребезжание гитары. Франческа уменьшила звук.

— Я здорово умею крошить овощи, — сказал он.

— Ладно, вот вам разделочная доска, ножи внизу, в ящике справа. Я собираюсь делать рагу, так что режьте кубиками.

Он стоял в двух шагах от нее и усердно крошил морковку, репу, пастернак и лук. Франческа чистила в мойке картошку, остро ощущая присутствие рядом чужого мужчины. И надо же, ей никогда раньше не приходило в голову, что, когда чистишь картошку, нужно делать так много коротких косых движений ножом.

— Вы играете на гитаре? Я заметила футляр у вас в кузове.

— Совсем чуть-чуть. Гитара составляет мне компанию, если так можно выразиться, и не более того. Моя жена когда-то исполняла песни в стиле кантри, давно еще, задолго до того, как это стало модным. Она меня и научила двум-трем аккордам.

Франческа сжалась при слове «жена». Почему — она и сама не знала. Он имел полное право иметь семью, хотя это как-то не вязалось с его обликом. Ей не хотелось, чтобы он был женат.

— Не выдержала моих долгих отлучек. Ведь иногда меня не бывало дома месяцами. Я не виню ее. Мы разошлись девять лет назад — она ушла от меня. Через год прислала документы на развод. Детей у нас не было, так что сложности это не представляло. Взяла одну гитару, а другую, попроще, оставила мне.

— Вы что-нибудь знаете о ней?

— Нет, ничего.

Он замолчал, и Франческа больше не стала задавать вопросы. Но, непонятно почему, ей стало легче. Собственная реакция удивила ее — в конце концов не все ли ей равно? Во всяком случае, она не должна принимать его слова так близко к сердцу.

— Я два раза был в Италии, — снова заговорил он. — Вы откуда родом?

— Из Неаполя.

— Нет, туда не заглядывал. Я ездил по северным областям, вдоль реки По. Снимал там. А второй раз я делал фоторепортаж о Сицилии.

Франческа продолжала чистить картошку, ни на секунду не переставая ощущать рядом присутствие Роберта Кинкейда. Мысль об Италии лишь на мгновение задержалась в ее сознании.

Облака переместились на запад, и солнце проглядывало сквозь них, освещая землю узкими лучами, так что свет и тень на траве, домах и деревьях чередовались длинными неровными полосами. Он перегнулся через мойку и выглянул в окно:

— Божий свет. Рекламные издательства обожают делать календари в этом духе. И еще религиозные журналы тоже любят такое освещение.

— Мне кажется, у вас очень интересная работа, — заметила Франческа. Нейтральный стиль разговора был ей абсолютно необходим.

— Да, пожалуй, — согласился он. — Я люблю свою работу. Люблю дороги, люблю создавать картины.

Она обратила внимание на его последние слова:

— Вы хотите сказать, что создаете сами, а не снимаете то, что видите?

— Именно так. Во всяком случае, я отношусь к своей работе как творец. В этом и состоит разница между любителем и профессионалом. Когда выйдут фотографии моста, который мы с вами сегодня видели, на них будет вовсе не то, что вы думаете. То есть я именно создаю картину: меняю объективы, веду съемку с разных ракурсов, так что общая композиция получается совсем иной. И чаще всего я пользуюсь несколькими приемами сразу, чтобы выразить на фотографии свое собственное ви́дение предмета или пейзажа.

Я не воспринимаю вещи такими, какие они есть, а стараюсь найти их суть. И вкладываю в эту работу всю душу. Пытаюсь отыскать скрытую поэзию образа. У журналов есть свой стиль и свои требования, и далеко не всегда они совпадают с моими. Откровенно говоря, почти никогда не совпадают. А издателей это раздражает. Думаю, журналисты просто потакают вкусам своих читателей, но мне-то хочется, чтобы они время от времени бросали публике вызов, а не шли у нее на поводу. Периодически я высказываю им свое мнение, а они злятся.

В этом вся трудность, когда зарабатываешь на жизнь искусством. Работаешь на рынок, а рынок — массовый рынок — призван удовлетворять некий средний вкус. Вот в чем проблема — в так называемой реальной действительности. Но, как я сказал, при этом не чувствуешь себя свободным. Правда, они разрешают мне оставлять у себя тот материал, который они не используют, так что, по крайней мере, я имею возможность хранить все свои работы.

А иногда бывает, что какой-нибудь другой журнал возьмет одну-две мои работы или, например, я пишу статью о местах, где я бывал, и иллюстрирую ее посмелее — не так традиционно, как любит «Нейшнл джиографик».

У меня часто возникает желание написать очерк под названием «Преимущество любительства». Я бы хотел объяснить всем людям, которые жалеют, что не могут зарабатывать на жизнь искусством, каково это на самом деле. Рынок убивает жажду творить больше, чем что бы то ни было. Знаете, к чему стремится мир, в котором мы живем? К безопасности. Во всяком случае, большинство людей думают именно так. Им нужно ощущать себя в безопасности, и журналы вместе с производителями товаров предоставляют им эту возможность, дают почувствовать себя однородной массой, гарантируют все то удобное и знакомое, к чему они привыкли, не тревожат и не дразнят их.

Над искусством господствует прибыль, а прибыль обеспечивают подписчики. Так что нас всех гонят кнутом в одну сторону во имя великого принципа единообразия.

В газетах и передачах на экономические темы часто можно услышать слово «потребитель». И вы знаете, у меня в голове даже сложился мысленный образ, соответствующий этому понятию. Эдакий толстенький маленький человек в мятых бермудах, гавайской рубашке и соломенной шляпе. В одной руке он держит банку с пивом с открытой крышкой, а в другой сжимает доллары.

Франческа тихонько засмеялась, так как сама всегда думала о безопасности и комфорте.

— Но я в общем-то не слишком жалуюсь. Как я говорил, мне интересно путешествовать и я с удовольствием выделываю всякие штучки с аппаратами и объективами. Мне нравится, что я не сижу в четырех стенах. Музыка оказалась, возможно, и не совсем такой, какой она сочинялась вначале, но песенка, я считаю, получилась неплохая.

Слушая Роберта Кинкейда, Франческа думала, что для него, вероятно, такой разговор — обычное дело, но для нее подобного рода тема была возможна только в литературе. В округе Мэдисон люди так не разговаривают, не обсуждают подобные вещи. Они говорят о плохой погоде или о низких ценах на зерно, о крестинах и похоронах, о новых программах правительства и футбольных командах. Но никогда — об искусстве и мечтах, о том, что реальная действительность не дает музыке звучать, о надеждах, которым не суждено сбыться.

Все овощи были аккуратно покрошены в миску.

— Что-нибудь еще надо сделать? — спросил он.

Франческа покачала головой:

— Нет, теперь уже пора мне брать все в свои руки.

Он вернулся на свое место и закурил, время от времени делая глоток-другой из бутылки. Она принялась готовить, но между очередными операциями у плиты она подходила к столу, на котором стояла ее бутылка с пивом, и отпивала из нее по глотку. Алкоголь уже начинал действовать на Франческу, хотя выпила она, в сущности, совсем немного. На Новый год они с Ричардом бывали в Лиджен-Холле и там заказывали себе по паре коктейлей, но других поводов употреблять спиртное практически не бывало, а поэтому горячительные напитки у них в доме не водились.

И только однажды в неизвестно откуда взявшемся порыве надежды на романтику в их семейной жизни Франческа купила бутылку бренди, которая так и осталась неоткупоренной.

Так, нарезанные овощи надо залить растительным маслом и поставить тушиться до золотистого цвета. Добавить муку и как следует перемешать. Теперь пинту воды. И еще оставшиеся овощи, приправу и соль. Тушить на медленном огне в течение сорока минут.

Франческа снова подсела к столу. Сокровенные чувства неожиданно проснулись в ней. Приготовление пищи каким-то образом пробудило их. Она впервые это делала для незнакомого мужчины. А он, стоя рядом с ней, ловко крошил репу, и тогда ощущение непривычности ушло, уступив место чему-то теплому и глубокому.

Роберт подтолкнул к ней «Кэмел». На пачке сигарет лежала зажигалка. Франческа попыталась закурить, но у нее ничего не получилось. Пламени не было. Она почувствовала себя глупой и неуклюжей. Роберт слегка улыбнулся, осторожно вынул зажигалку из ее пальцев и дважды щелкнул кремневым колесиком, прежде чем огонек наконец показался. Она прикурила. Рядом с мужчинами Франческа всегда ощущала себя особенно изящной. Но с Робертом Кинкейдом все было иначе.

Солнце, превратившись в огромный красный диск, мягко улеглось позади кукурузного поля. Из окна кухни Франческа увидела, как в небе в потоках вечернего прохладного воздуха парит ястреб. По радио передавали семичасовые новости и биржевую сводку. И тогда Франческа, сидя по другую сторону желтого пластмассового стола, посмотрела на Роберта Кинкейда — человека, который прошел длинный путь, чтобы оказаться здесь, в ее, Франчески Джонсон, кухне. Длинный путь, исчисляемый чем-то большим, чем просто расстояние в милях.

— А пахнет хорошо, — заметил он, кивая в сторону плиты. — Как-то очень спокойно пахнет.

И посмотрел на нее.

«Спокойно? — подумала она. — Разве запах может быть спокойным?»

Она повторила про себя его фразу. Он прав. После всех свиных отбивных, бифштексов и ростбифов, во множестве поедаемых её домашними, этот ужин и в самом деле был спокойным. Ни одно звено в длинной цепи, которую проходит пища, прежде чем дойти до стола, не несло в себе насилия. Разве что, может быть, выдергивание овощей с грядки. Рагу спокойно тушилось и спокойно пахло. Спокойным было все в ее кухне в этот вечер.

— Если можно, расскажите мне о вашей жизни в Италии. — Он вытянул ноги и скрестил их, правая на левой.

С ним она боялась молчания и поспешила начать рассказ. Она говорила о своем детстве, о частной школе, монахинях, о своих родителях — матери-домохозяйке и отце, управляющем банком, о том, что проводила часы на пристани и смотрела, как со всех концов света приходят в порт огромные корабли. Она рассказала ему об американских солдатах, которые пришли после войны. О Ричарде, о том, как они познакомились в кафе, куда она с подругами заходила выпить кофе. Война унесла много юных жизней, и девушки загадывали, выйдут ли когда-нибудь замуж. О Никколо Франческа умолчала.

Он слушал, не перебивая, и только изредка кивал в знак согласия или понимания. Когда она замолчала, он спросил:

— Вы сказали, у вас есть дети?

— Да. Майклу семнадцать, Кэролин шестнадцать. Ходят в школу в Уинтерсете. Сейчас они на ярмарке в Иллинойсе, выставляют бычка Кэролин. Честно говоря, я не могу понять, как можно окружать животное такой любовью и заботой — и все для того, чтобы потом продать его на убой. Но я не высказываю этого вслух, потому что Ричард с фермерами тут же на меня накинутся. И все-таки в этом есть какое-то холодное, бездушное противоречие.

Франческа вдруг почувствовала себя виноватой. Она ничего недостойного не сделала, совсем ничего, но само упоминание о Ричарде заставило ее ощутить свою вину перед ним — вину, рожденную неясными мыслями о каких-то пусть отдаленных, но надеждах. Франческа спрашивала себя, чем закончится этот вечер, не вступила ли она на путь, с которого уже не сможет сойти, или, пока не поздно, повернуть назад. Впрочем, возможно, Роберт Кинкейд просто встанет и уйдет. Он показался ей очень спокойным, достаточно приятным в общении человеком, немного даже застенчивым.

Они продолжали разговаривать, а вечер постепенно вступал в свои права. Опустились голубые сумерки, трава на лугу подернулась легкой дымкой. Он открыл еще две бутылки пива. Рагу было готово. Она поднялась, опустила в кипящую воду запеченные в тесте яблоки, перевернула их, затем вынула и дала стечь воде. Где-то глубоко внутри нее разливалось тепло, оттого что здесь, в ее кухне, сидел Роберт Кинкейд из Беллингхема, штат Вашингтон. И Франческа надеялась, что он не уйдет слишком рано.

Он съел две порции рагу, обнаружив при этом манеры хорошо воспитанного человека, и два раза повторил, как прекрасно она готовит. Арбуз оказался выше всяких похвал. Пиво было холодным, а вечер из голубого стал синим. Франческе Джонсон было сорок пять, и Хэнк Сноу пел по радио грустную песню о любви.

«Что же теперь? — думала Франческа. — С ужином покончено. Просто сидеть?»

Роберт Кинкейд позаботился о дальнейшем.

— Может быть, прогуляемся немного по лугу? — предложил он. — Мне кажется, что жара уже спала.

Франческа согласилась, и тогда он нагнулся к рюкзаку, достал фотоаппарат и повесил его на плечо.

Они подошли к двери. Роберт Кинкейд распахнул ее и подождал, пока Франческа выйдет, а затем мягко повернул ручку, так что дверь закрылась совсем не слышно. По потрескавшейся бетонной дорожке они прошли через посыпанный гравием двор. Потом дорожка кончилась, и они вступили на траву, обогнули с восточной стороны сарай, где хранилась техника, и пошли дальше. От сарая пахнуло разогретым машинным маслом.

Когда они дошли до забора, Франческа опустила вниз проволоку и перешагнула. На ногах у нее были только босоножки с тонкими ремешками, и она сразу же ощутила холодные капли росы на ступнях и лодыжках. Он с легкостью проделал то же самое, перекинув ноги в ботинках через проволоку.

— Это луг или пастбище? — поинтересовался он.

— Скорее пастбище. Скот не дает траве вырасти. Будьте осторожны: здесь везде лепешки.

Лунный диск, почти полный, появился на восточном краю неба. По сравнению с только что исчезнувшим за горизонтом солнцем он казался светло-голубым. Где-то рядом промчался автомобиль. Звук был негромкий — на двигателе стоял глушитель. Значит, это мальчишка Кларков, защитник уинтерсетской футбольной команды. Едет со свидания с Джуди Леверенсон.

Давно Франческе не случалось выходить вечером погулять. После ужина в пять вечера следовали новости по телевизору, потом вечерняя программа — ее смотрели либо Ричард, либо дети, закончившие уроки. Сама она уходила на кухню почитать. Книги она брала или в библиотеке, или в клубе, членом которого состояла. Ее интересовали история, поэзия и литература. Если погода была хорошая, она выходила посидеть на крыльцо. Смотреть телевизор ей не хотелось.

Иногда Ричард звал ее:

— Фрэнни, ты только посмотри!

Тогда она возвращалась в гостиную и некоторое время сидела рядом с ним. Чаще всего призыв раздавался, когда на экране появлялся Элвис. Примерно такой же эффект производили Битлз, когда они только начали появляться в «Шоу Эда Салливэна». Ричард глаз не сводил с их причесок и неодобрительно качал головой, время от времени издавая недоуменные возгласы.

На несколько минут западную часть неба прорезали яркие красные полосы.

— Я называю это «рикошет», — сказал Роберт Кинкейд, показывая рукой в сторону горизонта. — Многие слишком рано убирают в футляры свои фотоаппараты. Ведь на самом деле, после того как солнце сядет, наступает момент, когда цвет и освещение делаются удивительно красивыми. Этот эффект длится всего несколько секунд, когда солнце только что ушло за горизонт, но его лучи как бы рикошетом продолжают освещать небо.

Франческа ничего не ответила, изумляясь, что на свете существует человек, которому не все равно, как называется место, где растет трава, — луг или пастбище. Его волнует цвет неба, он пишет стихи и не пишет прозу, играет на гитаре и зарабатывает на жизнь тем, что создает образы, а все свои орудия труда носит в рюкзаке. Он словно ветер. И двигается так же легко. Может быть, ветер его и принес.

Роберт смотрел вверх, засунув руки в карманы джинсов. Футляр с фотоаппаратом болтался у его левого бедра.

— «Серебряные яблоки луны. Золотые яблоки солнца». — Он произнес эти строчки низким бархатистым голосом, как профессиональный актер.

Она взглянула на него:

— Уильям Батлер Йетс. «Песнь странствующего Энгуса».

— Правильно, у Йетса замечательные стихи. Реалистичные, лаконичные, в них есть чувства, красота, волшебство. Очень привлекают мою ирландскую натуру.

Всего лишь одна фраза — и в ней все. Франческа в свое время приложила немало сил, чтобы объяснить своим ученикам Йетса, но ей так никогда и не удалось достучаться до них. Одной из причин, почему она выбрала тогда Йетса, было именно то, о чем говорил Кинкейд. Ей казалось, что эти качества могли бы привлечь подростков, чьи глотки успешно соперничали со школьным духовым оркестром на футбольном матче. Но предубеждение против поэзии, которое они уже успели впитать в себя, представление о стихах как о занятии для неполноценных мужчин было слишком сильным. Никто, даже Йетс, не смог бы преодолеть его.

Франческа вспомнила Мэттью Кларка, который в тот момент, когда она читала «Золотые яблоки солнца», повернулся к своему соседу и сделал выразительный жест руками — будто бы брал женщину за грудь. Оба сидели и давились от смеха, а девочки рядом с ними покраснели.

С таким отношением к стихам они проживут всю свою жизнь. Именно это, она знала, и разочаровало ее окончательно в работе и в самом Уинтерсете. Она чувствовала себя униженной и одинокой, несмотря на внешнюю доброжелательность местных жителей. Поэты не были здесь желанными гостями. А люди, стремясь восполнить комплекс культурной неполноценности жизни в округе Мэдисон, ими же самими созданный, говорили: «Какое прекрасное место, чтобы растить детей». И ей всегда в таких случаях хотелось спросить:

«А прекрасное ли это место, чтобы растить взрослых?»

Ни о чем заранее не договариваясь, они брели по пастбищу, обошли его кругом и повернули назад, к дому. К забору они подошли уже в полной темноте. На этот раз он опустил для нее проволоку, а затем прошел сам.

Франческа вспомнила про нераспечатанную бутылку бренди в буфете и сказала:

— У меня есть немного бренди. Или вы предпочитаете кофе?

— А можно сочетать одно с другим? — донесся из темноты его голос, и Франческа поняла, что Роберт улыбается.

Они вступили в круг света, очерченный на траве и гравии фонарем, и Франческа ответила:

— Конечно, можно. — В собственном голосе она уловила непонятные самой себе нотки и почувствовала беспокойство. Она узнала их: это были нотки беззаботного смеха в кафе Неаполя.

Похоже, все чашки в доме имели щербинки, а ей, хотя она и не сомневалась, что в его жизни щербинки и трещины в чашках были делом естественным, хотелось все-таки, чтобы ни одна мелочь не нарушала совершенства этого вечера. Две рюмки, перевернутые вверх основаниями, примостились в самой глубине буфета. Как и бренди, рюмки стояли там без употребления. Чтобы до них дотянуться, ей пришлось встать на цыпочки. Она чувствовала, что он смотрит и на мокрые босоножки, и на джинсы, натянувшиеся на бедрах и ягодицах.

Он сидел на том же стуле, что и раньше, и глядел на нее. Вот они, старые тропы. Он снова вступил на них, и они говорят с ним. Ему хотелось ощутить шелк ее волос под своей ладонью, почувствовать изгиб ее бедер, увидеть ее глаза, когда она будет лежать на спине под тяжестью его тела.

Старые тропы восставали против всего, что считается общепринятым, — против понятий о приличиях, вбитых в головы людей столетиями культурного существования, против жестких правил поведения цивилизованного человека. Он пытался думать о чем-нибудь другом: о фотографии, например, о дорогах или о крытых мостах — о чем угодно, только чтобы не думать о ней, о том, какая она.

Но все было бесполезно, и снова он вернулся к мыслям об ощущении ее кожи, когда он коснется ее живота своим животом. Вечные вопросы, всегда одни и те же. Проклятые старые тропы, они прорываются наружу, как их ни засыпай. Он топтал их ногами, гнал прочь от себя, затем закурил и глубоко вздохнул.

Франческа все время чувствовала на себе его глаза, хотя взгляд его был очень сдержанным. Роберт не позволял себе ничего лишнего, никакой настойчивости. Она не сомневалась, что он сразу понял: в эти рюмки никогда не наливали бренди. И еще Франческа знала, что он со свойственным ирландцам чувством трагического не остался безразличным к пустоте этих рюмок. Но возникшее в нем чувство — не жалость. Он не тот человек. Скорее это печаль. Ей подумалось, что в голове у него могли зазвучать строчки:

Неоткрытая бутылка
И пустые бокалы.
Она протянула руку,
Чтобы найти их.
Где-то к северу
От Срединной реки
Это было.
В Айове.

Мои глаза смотрели на нее,
Глаза, что видели амазонок
Древнего племени хиваро
И Великий шелковый путь,
Покрытый пылью времени.
Пыль вздымалась за мной
И улетала прочь, в неприкаянные
Пространства азиатского неба.

Снимая печать с бутылки, Франческа взглянула на свои руки и пожалела, что ногти у нее такие короткие и не слишком тщательно ухоженные. Жизнь на ферме не позволяла иметь длинные ногти. Но раньше это не имело для нее значения.

Бренди уже стояло на столе, рюмки тоже. Оставалось сварить кофе. Пока она возилась у плиты, он открыл бутылку и налил в рюмки — именно то количество, какое нужно. Очевидно, Роберту Кинкейду не раз приходилось иметь дело с послеобеденным бренди.

Интересно, в скольких кухнях, или хороших ресторанах, или в изящных гостиных с приглушенным светом упражнялся он в этом своем маленьком искусстве? Сколько рук с длинными ногтями, изящно заостренными в его сторону, когда они обхватывали ножку рюмки, он видел? Как много огромных голубых и миндалевидных карих глаз смотрело на него по вечерам в чужих землях, пока корабли в бухтах тихо покачивались на якорях и волны лениво плескались о каменные причалы древних морских портов?

Верхний свет казался слишком ярким для кофе с бренди. Франческа Джонсон, жена фермера Ричарда Джонсона, оставила бы его гореть. Франческа Джонсон, женщина, чьи воспоминания о юности были только что разбужены прогулкой по ночной росе, сочла возможным приглушить его. В ящике буфета лежала свеча, но он мог неправильно ее понять. Поэтому она зажгла лампочку над мойкой и выключила верхний свет. Тоже, конечно, далеко от совершенства, но все-таки терпимо.

Он поднял рюмку и произнес:

— За древние вечера и тихую музыку вдали.

И потянулся к ней, чтобы коснуться ее рюмки.

Почему-то от этих слов у нее перехватило дыхание. Вместо того чтобы сказать: «За древние вечера и тихую музыку вдали», она только слегка улыбнулась.

Потом они закурили и принялись за кофе. Оба молчали. Откуда-то с полей послышался крик фазана. На дворе пару раз подал голос Джек, шотландская овчарка. Комары пытались проникнуть сквозь сетку на окне в дом, и единственная бабочка, лишенная способности мыслить и влекомая одним лишь инстинктом, билась снаружи, не в силах покинуть место, где ей виделся свет.

Было все так же жарко, в воздухе не чувствовалось дуновения ветерка, да вдобавок еще усилилась влажность. Роберт Кинкейд снова начал потеть и расстегнул две верхние пуговицы на рубашке. Он смотрел в окно и вроде бы не обращал внимания на Франческу, но она знала, что находится в его поле зрения и Роберт наблюдает за ней. Со своего места она видела в треугольнике его расстегнутой рубашки, как на влажной коже собираются мельчайшие капельки пота.

Франческе было хорошо, в ней поднялись какие-то давнишние чувства, в душе ее звучали стихи, играла музыка. «Но, — подумала она, — ему уже пора уходить». Часы над холодильником показывали без восьми минут десять. Из приемника донесся голос Фарона Янга. Он пел песенку — шлягер пятилетней давности — под названием «Обитель святой Сесилии». «Римская мученица, — вспомнила Франческа, — жила в третьем веке нашей эры, слепая. Покровительница музыки».

Его рюмка была пуста. Франческа в тот момент, когда Роберт отвернулся от окна и посмотрел на нее, взяла бутылку бренди за горлышко и поднесла ее к пустой рюмке. Но он покачал головой:

— Меня ждет на рассвете Розовый мост. Пора двигаться.

Она почувствовала облегчение, но сердце ее упало. В глубине души Франческа знала, что надеялась на другое окончание этого удивительного вечера. В голове ее поднялась сплошная сумятица мыслей и чувств. «Да, идите... Выпейте еще бренди... Останьтесь... Уходите...» А вот Фарон Янг плевал на ее чувства. И мотыльку около лампочки тоже не было никакого дела до ее, Франчески, переживаний. А что думал на этот счет Роберт Кинкейд, она не знала.

Он поднялся, закинул один рюкзак за левое плечо, другой водрузил на крышку холодильника. Франческа тоже встала. Он протянул руку, и она пожала ее.

— Спасибо за вечер, за ужин, за прогулку. Все было замечательно. Вы очень хороший человек, Франческа. Держите бренди поближе к дверцам буфета, а то оно скоро выдохнется.

Да, она была права. Он знал. Но обиды от его слов она не чувствовала. Роберт говорил о романтике жизни и высказал свою мысль единственно возможным способом. Она поняла это по той мягкости, которая прозвучала в его голосе, по тому, как он произнес эти слова. Но не поняла того, что на самом деле ему хотелось кричать, кричать так, чтобы его слова впечатались в пластиковые стены этой кухни: «Христа ради, Ричард Джонсон, неужели ты и в самом деле такой дурак, каким кажешься?»

Она проводила его до грузовика и подождала, пока он погрузит все свои вещи. Пес пробежал через двор и принялся обнюхивать колеса.

— Джек, иди сюда, — резким шепотом приказала она, и пес, тяжело дыша, подошел к ней и уселся рядом.

— До свидания, будьте здоровы, — попрощался Роберт, задержавшись на несколько секунд у кабины, чтобы еще раз взглянуть на нее. Теперь он смотрел ей прямо в глаза. Затем сел за руль и захлопнул дверь. Повернув ключи, он надавил на газ. Двигатель с громким дребезжанием заработал. Кинкейд высунулся из окна, широко улыбаясь, и сказал:

— Пора в ремонт.

Потом нажал на сцепление, дал задний ход, переключил скорость, и грузовик медленно двинулся по двору. Пересекая световое пятно, он высунул левую руку и, перед тем как исчезнуть в темноте, помахал ей на прощание. Она тоже помахала в ответ, хотя и знала, что он не видит ее.

Франческа метнулась вперед и остановилась в тени кустов. Грузовик медленно уезжал, красные сигнальные огни подпрыгивали вверх на каждом ухабе. Роберт Кинкейд выехал на основную дорогу и повернул налево в сторону Уинтерсета, а в это время зарница полоснула по ночному летнему небу, и Джек сонно затрусил к заднему крыльцу.

Франческа поднялась наверх, разделась и подошла к зеркалу. Бедра раздались совсем немного после родов, грудь осталась такой же красивой и твердой, как и в юности, не слишком большая и не слишком маленькая, живот гладкий и округлый. Ноги она не могла видеть — зеркало было недостаточно большим, но и без него она знала, что они по-прежнему стройные и крепкие. Пожалуй, ей следовало бы почаще сбривать темные волоски, но в этом как-то не было необходимости.

Ричард редко вспоминал о сексе, раз в два месяца, не чаще, да и то все происходило очень быстро и просто. И конечно, такие отношения ее не волновали. Похоже, ему и в голову не приходило обратить внимание, например, на запах духов, волоски на ногах или еще что-нибудь в этом роде. Наверно, муж даже не заметил бы, если бы она растолстела.

Для него она была больше деловым партнером, чем женщиной. Нельзя сказать, что Франческа этого не ценила. Но время от времени она чувствовала, что в ней живет и другой человек, женщина, которая желает нежиться в ванне, пахнуть духами... Хочет, чтобы ее брали на руки, несли на кровать, раздевали, хочет почувствовать на себе проявление мужской силы. Но никогда она не высказывала своих желаний вслух и гнала от себя даже смутные мысли об этом.

Франческа снова оделась, спустилась в кухню, села за стол, взяла бумагу и ручку и принялась писать. После этого она вышла из дома и направилась к «форду». Джек последовал за ней и, когда Франческа открыла дверь кабины, прыгнул на сиденье и просунул голову в окно. Франческа вывела грузовик из сарая, осмотрелась по сторонам, затем, отъезжая от ворот, еще раз выглянула из окна машины и, повернув направо, поехала в сторону, противоположную городу.

Около моста было темно. Джек выскочил первым и бросился вперед, выискивая объекты для обнюхивания. Франческа взяла фонарь и пошла в ту сторону, куда убежал пес. Прикрепив записку кнопкой слева от входа на мост, она вернулась к грузовику и поехала домой.

Мосты вторника

За час до рассвета Роберт Кинкейд проезжал мимо почтового ящика Ричарда Джонсона, откусывая поочередно то от плитки шоколада «Милки Уэй», то от яблока. Стаканчик с кофе он поставил на край сиденья и зажал его коленями для дополнительной устойчивости. Белый фермерский дом виднелся в тусклом предрассветном сиянии луны. Он покачал головой. До чего же глупы бывают мужчины — некоторые из них, да нет, пожалуй, большинство. Уж самое меньшее, они могли бы выпить бренди и не хлопать дверью, уходя из дома.

Франческа слышала дребезжание старого грузовика. Этой ночью впервые в жизни, насколько ей вспоминалось, она спала без ночной рубашки. Лежа в кровати, Франческа представляла себе Кинкейда, как он сидит сейчас в грузовике, в открытое окно влетает ветер и играет его волосами. Одна рука лежит на руле, в другой он держит сигарету.

Она прислушивалась к шуму мотора, пока он не затих в направлении Розового моста, и ей пришли в голову строчки из поэмы Йетса: «Я ушел из орешника, потому что в голове моей полыхало пламя». Она прочитала их вслух, и получилось нечто среднее между чтением стихов в школе и молитвой в церкви.

Роберт Кинкейд остановился подальше от моста — так, чтобы грузовик не испортил композиции. Он вытащил из-за сиденья высокие, до колена, резиновые сапоги и переоделся, сидя на подножке кабины. Один рюкзак уже был у него за спиной, с левого плеча свисал на кожаном ремне штатив. Другой рюкзак он держал в правой руке. Экипировавшись подобным образом, он принялся спускаться по крутому обрыву к реке.

Хитрость заключалась в том, чтобы взять мост под острым углом и придать композиции большую напряженность. При этом нужно захватить еще кусочек реки, а надписи у входа под крышу моста оставить за кадром.

Провода на заднем плане тоже были лишними, но с ними можно управиться при помощи правильного подбора рамки.

Он вытащил свой «Никон», заряженный пленкой «Кодакхром», и закрепил его на массивном штативе. В фотоаппарат был ввинчен двадцатичетырехмиллиметровый объектив, и Кинкейд заменил его на свой любимый стопятимиллиметровый. Небо на востоке понемногу светлело, и он принялся выбирать композицию.

Так, штатив можно сдвинуть на два фута влево и затем закрепить получше в глинистой почве берега, а ремень «Никона» обмотать вокруг левого запястья — деталь, про которую он никогда не забывал, работая рядом с водой. Штативы часто опрокидывались, и аппаратура тонула. Такие вещи он наблюдал много раз.

Алый свет на горизонте становился все ярче. Надо сдвинуть штатив еще на шесть дюймов вниз и снова закрепить ножки. И опять не все попадает в кадр. Еще фут влево, и снова закрепить штатив. Теперь наводка. Прикинуть глубину изображения. Придется максимально увеличить ее при помощи приема гиперфокации. Осталось привинтить тросик спускового механизма к кнопке затвора. Солнце процентов на сорок вышло из-за горизонта, и старая красная краска на мосту зажглась теплым светом — как раз то, чего он ждал.

Экспонометр в левом нагрудном кармане. Так, еще раз проверка выдержки. Одну секунду «Кодакхром» выдержит. Последний взгляд в видоискатель. Еще чуть-чуть подстроить... Готово.

Он нажал на шток и выдержал секунду.

И в тот момент, когда Кинкейд щелкнул затвором, что-то на мосту привлекло его внимание. Он еще раз взглянул в видоискатель.

— Что за черт? Бумажка у входа, — пробормотал он. — Вчера ее не было.

Надо укрепить получше штатив — и бегом наверх. Солнце ждать не будет. Действительно, листок бумаги аккуратно прикреплен кнопкой к деревянной планке моста. Побыстрее снять кнопку, бумажку в карман — и бегом обратно. Солнце уже на шестьдесят процентов вылезло из-за горизонта.

Перевести дыхание и снимать. Повторить дважды — копии всегда иметь неплохо. Ветра нет, травинка не шелохнется. Теперь снять с выдержкой две секунды — три раза подряд и еще три с другой выдержкой для страховки.

Теперь подкрутить объектив, и все сначала. Наступило время переносить штатив с «Никоном» на середину ручья. Ножки плотно сидят в песке, взбаламученный ил уносит течением. Повторяется прежняя последовательность действий, затем перезарядка «Никона» и смена объективов. Двадцатичетырехмиллиметровый ввинтить, стопятимиллиметровый пусть отдохнет в кармане. Ну-ка, поближе к мосту. А течение здесь заметное. Установка, наводка, проверка выдержки — и еще три кадра. Три — с другой выдержкой, для страховки.

Теперь придется «Никону» кувыркнуться набок — надо поснимать с вертикальным кадром. Все те же действия, спокойные и методичные. Ни одного лишнего движения, все отработано до мелочей, ничего не делать без оснований, все случайности предусмотрены благодаря высокому профессионализму.

Бегом вдоль берега, через мост с аппаратурой в руках. Надо успеть за солнцем, которое уже становится жестким. Скорее второй аппарат с быстропроявляемой пленкой, «Нико-

на» на шею — и бегом к дереву за мостом. Надо на него забраться. Черт, ободрал руку об
кору. Так, еще выше. Готово. В кадре вид моста
сверху, ручей сверкает на солнце.

Теперь отдельно взять крышу моста, затем
теневую сторону. Что показывает экспонометр для воды? Ладно, пусть будет так. Девять
кадров, подстраховка. Поехали дальше. Бедня-
га «Никон» перегрелся. Пора дать ему отдохнуть — пусть полежит на куртке в развилке
дерева, а второй пока поработает. Пленка
здесь более чувствительная. Готово. Еще деся-
ток кадров нужно отснять.

Быстро слезть с дерева и бежать к ручью —
устанавливать штатив. Зарядить «Кодакхром»
и найти такую же точку, как в первой серии
кадров, но только с другого берега. Время поработать третьему аппарату. Пошла черно-бе-
лая пленка. Освещение меняется каждую секунду.

После двадцати минут невероятно напря-
женного ритма работы, понятного разве что
солдатам, хирургам и фотографам, Роберт
Кинкейд забросил рюкзаки с аппаратурой в
грузовик и поехал назад той же дорогой, которой приехал к Розовому мосту. До Горбатого

моста всего пятнадцать минут к северо-западу от города, и если поторопиться, то можно успеть отснять несколько кадров.

Пыль столбом, «Гарри» подпрыгивает на каждом ухабе, «Кэмел» дымится во рту. Что теперь? Белый фермерский дом смотрит на север, впереди почтовый ящик Ричарда Джонсона. Нет, никого не видно. А что он хотел? Она замужем, у нее все в порядке. Впрочем, у него тоже все в порядке. Зачем осложнять себе жизнь? Приятный вечер, приятный ужин, приятная женщина. Оставить все как есть, да и дело с концом. Но бог ты мой, до чего же она прелестная, и, безусловно, что-то в ней есть. Приходилось заставлять себя не смотреть на нее.

Франческа Джонсон чистила коровник, когда Роберт Кинкейд пронесся мимо на своем грузовике. Животные вели себя очень шумно, и никакие звуки извне невозможно было услышать. А Роберт Кинкейд в погоне за солнечным светом мчался сломя голову.

Со вторым мостом дела пошли отлично. Кинкейд обнаружил его на дне долины, подернутой легкой утренней дымкой. С помощью трехсотмиллиметрового объектива он получил огромное солнце в верхнем левом углу кадра, а оставшееся место занимала извилистая дорога, окруженная белыми скалами, и сам мост.

В видоискатель попался фермер с фургоном, запряженным парой гнедых бельгиек. Воистину последний из могикан — на белой дороге будет отлично смотреться. Замечательные выйдут снимки, нужно только взять их вертикально, и тогда по небу можно пустить заголовок.

К восьми тридцати он отснял все, что хотел, сложил штатив и убрал его в кабину грузовика. Все-таки в утренней работе есть своя прелесть. Сплошные пасторали, конечно, традиционный стиль, но симпатично и основательно. А тот кадр с фермером и лошадьми, пожалуй, пойдет на обложку. Поэтому он и оставил место наверху, где можно напечатать что-нибудь символическое. Редакторы обожают такую продуманность в работе. Благодаря ей он, Роберт Кинкейд, и получает свои заказы.

Он уже отснял семь пленок. Некоторые, правда, были уже начаты, но это не важно. Вытащив три катушки из «Никонов», он сунул руку в левый карман куртки, где лежали четыре других.

— Черт! — В указательный палец воткнулась кнопка. Он совсем забыл, что бросил ее туда вместе с листом бумаги у Розового моста. Собственно, он и о самой бумажке начисто забыл. Кинкейд вытащил листок, развернул его и прочитал:

«Если хотите поужинать снова „в час, когда белые мотыльки начинают свой танец", приходите сегодня вечером, после того как закончите работу. Любое время подойдет».

Он не смог сдержать улыбки, представляя, как Франческа Джонсон со своей запиской и кнопкой пробирается в темноте сквозь кусты к мосту. Через пять минут он был уже в городе. На заправочной станции «Тексако» он попросил, чтобы ему заполнили бак и проверили масло, а сам направился звонить. Тощенький телефонный справочник весь захватан грязными руками. Под фамилией «Р. Джонсон» значились два номера, но один из них имел городской адрес.

Он набрал второй номер и стал ждать.

Франческа на заднем крыльце кормила собаку, когда в кухне зазвонил телефон. Она сразу же схватила трубку.

— Привет, это Роберт Кинкейд.

Внутри у нее что-то вздрогнуло, точно так же, как и вчера. Как будто комок дернулся у нее под ребрами и скатился в желудок.

— Прочитал вашу записку. Йетс в качестве курьера — это замечательно. Принимаю приглашение, но только приехать смогу довольно поздно. Понимаете, погода уж очень хороша, и я хочу поснимать этот... как он там называется? Секунду. А, вот. Кедровый мост. Так что я закончу, наверно, не раньше девяти, и мне надо будет немного почиститься. В общем, приеду в полдесятого или в десять. Ничего?

На самом деле ничего хорошего. Не может она так долго ждать. Но вслух Франческа произнесла:

— Ну конечно. Работайте столько, сколько нужно, это самое главное. А я приготовлю на ужин что-нибудь такое, что быстро разогревается.

И тогда Роберт Кинкейд сказал:

— Знаете, если вам вдруг захочется прийти посмотреть, как я снимаю, это будет замечательно. Вы мне не помешаете. Я могу заехать за вами в полшестого.

Франческа лихорадочно обдумывала проблему. Она хотела поехать с ним. Но кто-нибудь мог ее увидеть. И как она объяснит это Ричарду, если он узнает?

Кедровый мост находился ярдов за пятьдесят от новой дороги, параллельно бетонному мосту. Оттуда ее вряд ли заметят. Или все-таки заметят? Она приняла решение меньше чем за две секунды.

— Я с удовольствием приду. Но только возьму свою машину, и мы встретимся на месте. Во сколько?

— Около шести. Значит, увидимся. Договорились? До встречи.

Весь день он провел в редакции местной газеты, листая старые подшивки в поисках нужных ему сведений. Сам город, зеленый и чистый, понравился ему, и Роберт уселся на скамейку центральной площади, чтобы позавтракать и полюбоваться красивыми зданиями. Завтрак его состоял из хлеба, фруктов и бутылки кока-колы, купленной в кафе напротив.

Когда он зашел туда и спросил кока-колу навынос, было уже за полдень. И, как в фильмах о жизни Дикого Запада, оживленные разговоры за столиками мгновенно стихли, и все повернулись в его сторону, в точности повторяя традиционную сцену появления главного героя в салуне. Сам он терпеть не мог этих знаков внимания, всегда чувствовал себя неловко, но таковы были порядки маленьких провинциальных городков. Ну как же, кто-то чужой. Не такой, как они. Кто это? Что он здесь делает?

— Говорят, он фотограф. Его вроде видели сегодня утром у Горбатого моста с кучей фотоаппаратов.

— На грузовике у него написано, что он с Запада, из Вашингтона.

— Торчал все утро в редакции. Джим говорит, что этот тип собирает материал о наших мостах.

— Ну да, молодой Фишер с «Тексако» сказал, что какой-то человек, фотограф, вчера останавливался около его стоянки и спрашивал, как проехать к крытым мостам.

— Интересно, для чего они ему понадобились?

— Да кому они вообще нужны, эти мосты?! Скоро обвалятся совсем.

— Ясное дело, с длинными волосами. Прямо как из Битлз или из этих, как их там? Хиппи, во.

Последняя реплика вызвала смех за дальним столиком. Рядом тоже засмеялись.

Кинкейд забрал свою кока-колу и вышел, чувствуя, что все они провожают его взглядами. Похоже, он сделал ошибку, пригласив Франческу. Не стоило этого делать — не из-за себя, конечно, а из-за нее. Если кто-нибудь увидит ее у Кедрового моста, новость облетит все кафе уже за завтраком. Молодой Фишер с «Тексако» не задержится с новостью, если какой-нибудь прохожий шепнет ему пару слов на ушко. Пожалуй, уже к завтраку все будут в курсе событий.

Он давно понял, что нельзя недооценивать склонность жителей маленьких городов мгновенно передавать самые незначительные новости. Где-нибудь в Судане могут умереть с голоду два миллиона детей, никто и ухом не поведет, но если жену Ричарда Джонсона увидят в компании длинноволосого чужака — вот это новость! Есть о чем поговорить, рассказать всем вокруг, почесать языки. И у всех, кто услышит, сразу же начнут появляться подозрения о неверности Франчески.

Он доел свой завтрак и поднялся со скамейки. Недалеко от стоянки машин он заметил телефонную будку, туда он и направился.

Франческа подняла трубку на третий звонок — наверно, откуда-то бежала, голос ее звучал прерывисто.

— Привет, это еще раз Кинкейд.

Она сжалась. Он не сможет прийти и звонит, чтобы предупредить.

— Скажу вам откровенно. Возможно, для вас проблема — прийти сегодня к Кедровому мосту, учитывая любопытство жителей маленького города. Если это так, пожалуйста, не чувствуйте себя обязанной делать это. Честно говоря, мне совершенно безразлично, что они обо мне подумают. Так или иначе, я приеду к вам позже, вот и все. Просто хочу сказать, что, может быть, я сделал большую ошибку, пригласив вас, поэтому, если вы думаете, что не стоит этого делать, не приходите. Хотя мне, конечно, хотелось бы прогуляться с вами.

Франческа сама думала об этом же с того момента, как он позвонил ей в первый раз. Но решение принято, и она не отступит.

— Нет, я хочу посмотреть, как вы работаете. Не важно, будут об этом говорить или нет.

На самом деле она беспокоилась, но что-то в ней сопротивлялось любым разумным доводам и заставляло идти на риск. Чем бы ни обернулась для нее эта поездка, у Кедрового моста Франческа обязательно будет.

— Замечательно. Я просто подумал, что на всякий случай мне надо вам сказать. Значит, увидимся.

— Хорошо, до встречи.

Какой же он чуткий! Впрочем, она уже поняла это раньше.

В четыре часа дня Роберт Кинкейд заехал к себе в мотель, постирал в раковине всякие мелочи, надел чистую рубашку, другую бросил в кабину вместе с полотняными брюками цвета хаки и кожаными коричневыми сандалиями. Их он приобрел в Индии в шестьдесят втором году, когда делал репортаж о малюсенькой железной дороге где-то за Дарджилингом. В баре он купил два ящика пива «Будвейзер» по шесть бутылок в каждом. В холодильник вместе с пленкой влезало только восемь. Остальным придется полежать так.

Очень жарко, по-настоящему жарко. Во второй половине дня солнце в Айове начинало печь так, словно хотело еще больше усилить тот разрушительный эффект, который оно нанесло земле, цементу на дорогах и кирпичным постройкам. Казалось, все, что обращено на запад в это время суток, живое и неживое, буквально пузырится под ядовитыми лучами беспощадного светила.

В баре было темно и относительно прохладно. В распахнутую настежь дверь с улицы проникал горячий воздух, но два мощных вентилятора — один на потолке, другой на стойке у двери — с ревом в сто пять децибелов разгоняли его по всему помещению. Но почему-то сочетание воя вентиляторов, запаха прокисшего пива и табака, трубных воплей, несущихся из музыкального автомата, и выражения лиц, на которых откровенная враждебность смешивалась с любопытством, порождали в нем ощущение еще большей жары, настоящего пекла.

На улице солнце, казалось, прожигало до костей, и Роберту вспомнились Каскады с их еловыми лесами и свежим ветром, несущим прохладу со стороны пролива Сан-Хуан де Фука у мыса Кайдака.

А на Франческу Джонсон жара как будто совсем не действовала. Она прислонилась к крылу своего «форда» в тени деревьев неподалеку от моста. На ней были все те же джинсы, что и вчера — они так замечательно шли ей, — босоножки и белая футболка, которая прелестно смотрелась на ее фигуре. Подъезжая к дому, Роберт высунулся из окна и помахал ей рукой.

— Привет. Рад снова вас увидеть. Жарковато, правда? — сказал он.

Безобидная беседа, общие темы — и снова прежняя неловкость в присутствии женщины, которая нравится. Он всегда с трудом находил слова, если только речь не шла о чем-то важном. Несмотря на достаточно развитое чувство юмора, пожалуй, несколько своеобразное, в основе своей он был глубоким человеком и все воспринимал серьезно. Давным-давно мать рассказала ему, что он казался взрослым уже в четыре года. Для работы это качество подходило как нельзя лучше. Но для общения с такими женщинами, как Франческа Джонсон, оно было только помехой.

— Я хотела бы посмотреть, как вы работаете, — сказала Франческа, — творите, как вы это называете.

— Что ж, сейчас увидите. И кстати, вам наверняка все очень быстро надоест. По крайней мере, всем, кто видел, становилось скучно. Это ведь совсем не то, что, например, слушать, как кто-то играет на рояле, когда становишься сразу как бы участником творческого процесса. А в фотографии само творчество и его результат разделены во времени. Сейчас я создаю, а исполнением можно будет считать появление фотографий в журнале. Так что сегодня вы увидите только, как я мотаюсь с места на место, вот и все. Но я благодарен вам за интерес, более чем благодарен. Вообще-то очень рад, что вы пришли.

Она повторила про себя его последнюю фразу. Он мог бы и не говорить этого, ограничиться только словом «благодарен». Но Роберт произнес эти слова, он был искренне рад ее видеть. Теперь она уже не сомневалась и надеялась, что ее присутствие здесь Роберт воспримет как подтверждение того же самого с ее стороны.

— Я могу чем-нибудь вам помочь? — спросила она, глядя, как он натягивает резиновые сапоги.

— Возьмите вон тот синий рюкзак. А я коричневый и штатив.

И вот Франческа стала помощницей фотографа. Она не могла с ним согласиться — ей было на что посмотреть, как на своего рода спектакль, только сам Роберт не подозревал об этом. То, что Франческа заметила вчера и что было частью его привлекательности в ее глазах, она видела и сегодня — красивые, ловкие движения, быстрый взгляд, отточенная работа мускулов. Он в совершенстве владел своим телом. Мужчины, которых она знала, казались ей громоздкими и малоподвижными по сравнению с ним.

В его действиях не чувствовалось никакой спешки. Скорее, наоборот, в них присутствовала основательность и продуманность. «В Роберте Кинкейде, — подумала она, — есть что-то оленье, хотя и скрытая сила тоже ощущается». Пожалуй, он скорее напоминал леопарда, чем оленя. Да, именно так. Леопард, но не хищный. Ни в коем случае не хищный, это чувствовалось без слов.

— Франческа, дайте мне, пожалуйста, «Никон» с синим ремнем.

Она расстегнула рюкзак и с опаской достала фотоаппарат. Он обращался со своей аппаратурой с небрежной уверенностью, но Франческа боялась уронить дорогую вещь или что-то испортить, и это делало ее движения скованными и неуклюжими. На хромированной пластинке над видоискателем было написано крупными буквами «Никон» с буквой «Ф» наверху, слева от названия фирмы.

Он зашел с восточной стороны моста и стоял на коленях около штатива. Не отрывая взгляда от видоискателя, Роберт протянул левую руку, и она подала ему фотоаппарат. Правая его рука в это время нащупала объектив, пальцы нажали на толкатель на конце тросика, того самого, который Франческа вчера заметила в кармане его безрукавки. Затвор щелкнул. Он снова завел аппарат и сделал еще один снимок.

Затем Роберт, вытянув руку, начал отвинчивать фотоаппарат от штатива. Отложив этот аппарат в сторону, он принялся привинчивать другой, тот, что Франческа подала ему. Покончив с этой операцией, он повернул к ней голову и, широко улыбаясь, сказал:

— Спасибо. Вы первоклассный помощник.

Франческа почувствовала, что краснеет. Господи, да что же в нем такого? Как некий пришелец с далекой звезды, он прилетел с неба верхом на комете и опустился на дорожке у ее дома. Почему она не может спокойно ответить что-нибудь типа «не стоит» в ответ на его «спасибо»?

«По сравнению с ним я выгляжу такой растяпой, — думала она. — И дело тут не в нем, а во мне. Просто я не привыкла общаться с людьми, чей мозг работает так быстро, как у него».

Он залез в воду, перебрался на другой берег. Франческа с рюкзаком перешла по мосту на другую сторону речки и остановилась рядом с ним, ощущая себя странно счастливой. Во всем, что он делал, в том, как он работал, чувствовалась сила, даже своего рода власть. Он не ждал каких-то предложений, а сам брал то, что хотел, очень мягко и одновременно настойчиво изменяя и приспосабливая реально существующую действительность к тому ви́дению, которое сложилось в его воображении.

Роберт властвовал над природой, противостоял солнцу, когда оно меняло направление своих лучей. Для этого у него были объективы, пленки, фильтры. Роберт не просто сопротивлялся, он господствовал с помощью мастерства и интеллекта. Фермеры тоже укрощают землю, но с помощью бульдозеров и удобрений. А Кинкейд не вмешивался насильственно в то, что уже существовало, и когда он уходил, то не оставлял на земле следов своей деятельности.

Франческа обвела взглядом его фигуру. Она видела, как джинсы туго обтянули мускулы бедер, когда он опустился на колени, старая застиранная рубашка прилипла к спине, а седеющие волосы разметались по воротнику. Она смотрела, как он, сидя на корточках, привинчивает какую-то деталь к штативу, и впервые за всю свою жизнь почувствовала, что в ней начинает выделяться горячая влага просто от одного взгляда на мужчину. И когда Франческа поняла, что с ней происходит, она перевела взгляд на вечернее небо и глубоко вздохнула, слушая, как Роберт тихонько бормочет проклятия фильтру, который застрял и не снимается с объектива.

Он снова пересек речку и пошел назад, к грузовикам. Резиновые сапоги негромко хлюпали в вязком песке. Франческа прошла под крышу моста, а когда появилась с другой стороны, то увидела, что Роберт пригнулся к земле и нацеливает на нее свой «Никон». Затвор щелкнул, он снова завел аппарат и снял ее еще раз, потом еще, пока она шла к нему по дороге. На лице Франчески появилась смущенная улыбка.

— Не беспокойтесь, — он тоже улыбнулся, — без вашего разрешения я не отдам их печатать. На сегодня все. Теперь заскочу к себе — смою грязь, — а потом поеду к вам.

— Делайте, как считаете нужным. Но при этом знайте, что дома у меня найдется лишнее полотенце и вы можете воспользоваться душем, насосом или чем захотите, — спокойно и очень серьезно сказала она.

— Правда? Вот хорошо. Тогда так и сделаем. Вы поезжайте сейчас вперед, а я загружу «Гарри» и поеду вслед за вами.

Франческа села за руль новенького «форда» Ричарда, дала задний ход, чтобы вывести автомобиль из тени деревьев, а затем выехала на дорогу, оставив мост позади. После поворота направо она некоторое время ехала в сторону Уинтерсета, а затем свернула к дому. Пыль на дороге была настолько густой, что она не могла понять, едет он за ней или нет, и только один раз, на повороте, Франческе показалось, что примерно в миле от нее сверкнули фары старого грузовичка.

По-видимому, это и в самом деле был он, потому что Франческа услышала грохот и треск мотора на дорожке почти сразу после того, как поставила в сарай «форд». Джек было залаял, но тут же умолк, проворчав себе под нос только: «А-а! Вчерашний тип, понял-понял».

Франческа вышла на заднее крыльцо:

— В душ?

— Это было бы замечательно, — ответил он. — Покажите мне, куда идти.

Она провела его наверх, в свою ванную, которую выстроил Ричард по ее настоянию в те времена, когда дети начали подрастать, так как Франческу вовсе не устраивало, что неуемные подростки будут шнырять в ее частных владениях. Это было одной из редких ее просьб, где она настаивала на своем до конца. Франческа любила вечерами подолгу лежать в горячей воде.

Ричард предпочитал пользоваться другой ванной. Он говорил, что чувствует себя неловко среди всяких женских принадлежностей. «Заморочка с ними» — это были его точные слова.

В ванную можно было попасть, только пройдя через спальню. Франческа открыла дверь и зашла туда, чтобы достать полотенце и губку из бельевого шкафчика под раковиной.

— Можете пользоваться всем, что вам понадобится. — Она улыбнулась, но при этом слегка закусила губу.

— Я возьму немного шампуня? Мой остался в отеле.

— Ну конечно. Выбирайте. — Она поставила на край ванны три разных флакона, все начатые.

— Спасибо. — Роберт бросил чистую одежду — брюки и белую рубашку — на кровать.

Франческа заметила, что он захватил с собой сандалии. Никто из местных жителей не носил такой обуви. Некоторые в городе стали надевать в последнее время бермуды, когда шли играть в гольф, но только не фермеры. А уж о сандалиях и речи быть не могло.

Франческа направилась к лестнице и услышала, как за спиной у нее зашумела вода. «Уже разделся», — подумала она, и почувствовала непонятное движение внутри, внизу живота.

Утром, сразу после его звонка, она съездила за сорок миль в Де-Мойн и зашла там в магазин, где продавались всевозможные спиртные напитки. Франческа не слишком хорошо разбиралась в таких вещах и попросила продавца помочь ей с выбором. Но он и сам оказался несилен в этом вопросе, поэтому Франческа просто начала разглядывать все бутылки подряд, пока наконец не натолкнулась на этикетку с надписью «Валполичелла». Это название она помнила еще с прежних времен. Сухое красное итальянское вино. Франческа купила две бутылки и еще бренди. При этом она чувствовала себя обуреваемой мирскими желаниями.

Потом она отправилась в центр города присмотреть себе новое летнее платье. Ей понравилось одно, светло-розового цвета, с узкими бретельками. Сзади оно было довольно открытым и впереди тоже имело весьма выразительный вырез — верхняя часть груди оставалась обнаженной. На талии платье стягивалось узким поясом. Еще она купила белые босоножки, очень дорогие, на плоской подошве, с изящной выделкой на ремешках.

Днем она нафаршировала перец смесью из риса, сыра, томатного соуса и резаной петрушки. Кроме того, приготовила салат из шпината, испекла кукурузные лепешки, а на десерт сделала яблочное суфле. Вся еда, за исключением суфле, была отправлена в холодильник.

Платье она быстренько обрезала до колен. Совсем недавно она прочитала в каталоге, что на лето такая длина самая предпочтительная, и хотя понятие моды и слепое подражание вкусам Европы казалось ей достаточно нелепым, тем не менее модная длина устраивала ее, и она принялась подшивать подол.

С вином тоже было не все ясно. Местные жители всегда держали все спиртное в холодильнике, но в Италии, насколько она помнила, этого никто не делал. И все же оставлять вино на столе в кухне не годилось — слишком жарко. И тут она вспомнила о колодце. Сверху его прикрывает небольшая будка, и летом там не бывает выше шестиде-сяти градусов[1]. Франческа отнесла бутылки к колодцу и поставила их внутрь будки, вдоль стенки.

Телефон зазвонил как раз в тот момент, когда шум воды наверху прекратился. Звонил Ричард из Иллинойса.

— Как дела?

— Все в порядке.

— Бычка Кэролин будут выводить в среду, да и в четверг есть что посмотреть. Так что жди нас в пятницу к вечеру.

— Хорошо, Ричард. Постарайтесь получше провести время и аккуратно ведите машину.

— Фрэнни, дома точно все в порядке? У те-бя какой-то странный голос.

— Ну конечно, все в порядке. Что со мной может случиться? Просто здесь очень жарко. Я приму ванну и стану побо дрее.

— Ну ладно. Привет от меня Джеку.

— Непременно передам. — Она взглянула на распростершегося на цементной дорожке пса и повесила трубку.

---

[1] 60 градусов по Фаренгейту — приблизительно 16 градусов по Цельсию.

Роберт Кинкейд спустился вниз и пошел в кухню. Франческа подняла глаза: белая рубашка с отстегивающимся воротничком, рукава закатаны выше локтя, легкие брюки цвета хаки, коричневые сандалии. На шее серебряная цепочка. Волосы, еще влажные, были аккуратно расчесаны на пробор. «Все-таки видеть сандалии на мужчине как-то непривычно», — подумала она.

— Я только занесу свое барахлишко в дом, хорошо? — сказал он. — Мне нужно кое-что почистить.

— Действуйте. А я пока приму ванну.

— Хотите взять с собой пиво?

— С удовольствием, если у вас найдется лишняя бутылка.

Он внес сначала холодильник, вынул бутылку и открыл ее. Франческа достала из буфета два высоких стакана — они вполне сходили за пивные кружки — и поставила их на стол. Потом он отправился за рюкзаками, а Франческа взяла бутылку и один из стаканов и пошла наверх. Она сразу заметила, что Роберт вымыл за собой ванну, и стала наливать воду. Стакан она поставила на пол, а сама намылилась и аккуратно сбрила волоски на ногах. Всего несколько минут назад здесь был он, и она лежит сейчас там, куда стекала вода с его тела. Мысль вызвала сильнейшее возбуждение. Впрочем, в Роберте Кинкейде все, кажется, действовало на нее возбуждающе.

Странно, такая простая вещь, как стакан холодного пива в ванне, может, оказывается, произвести эффект изысканности, утонченности. Почему в их с Ричардом отношениях нет места этой стороне жизни? Понятно, отчасти здесь виновата инерция годами выработанной привычки. Вероятно, любой брак, любые отношения этому подвержены. Привычка порождает предсказуемость, что само по себе имеет свои положительные стороны, она отдавала себе в этом отчет.

К тому же они имели ферму, которая, как капризный больной, требовала постоянного внимания, невзирая на то что машины теперь во многом заменили человеческий труд, сделали работу на земле гораздо менее тяжелой, чем это было раньше.

Но помимо привычки здесь было кое-что еще. Одно дело — предсказуемость, другое — боязнь перемен. Перемены — этого-то и боялся Ричард, любой перемены в их супружеской жизни. Он не хотел разговаривать на эту тему вообще и о сексе в частности. Половые отношения, с его точки зрения, были штукой опасной — опасной и непристойной.

Но в конце концов, он не один так относился к сексу, и, уж конечно, его нельзя было в этом винить. Что за барьер на пути к свободе существовал здесь — не только на их ферме, а вообще в культуре сельской жизни? Возможно, причина коренилась в противопоставлении себя городу и городской культуре? Зачем нужны все эти стены и преграды, которые не дают развиваться естественным, открытым отношениям между мужчиной и женщиной? Для чего нужно отказываться от личного, лишать себя радости физической любви?

В журналах для женщин довольно часто стали обсуждать эти вопросы. И женщины возымели определенные надежды как в отношении своего места в великой тайне жизни вообще, так и в отношении происходящего в их спальнях в частности. А такие мужчины, как Ричард, то есть подавляющее большинство мужчин, испугались этих надежд, потому что женщины захотели, чтобы они были одновременно поэтами и страстными любовниками.

Женщины не усматривали в этом противоречия. А для мужчин оно было очевидно. Мужские раздевалки и холостяцкие обеды, бильярд и вечеринки для дам в их жизни составляли некий набор, необходимый, чтобы мужчины чувствовали себя мужчинами, и такие вещи, как поэзия и прочие тонкости, им были не нужны. А отсюда следовал вывод, что если эротика, как своего рода искусство, тоже входила в число тонкостей, то они в соответствии со своими представлениями о жизни пресекали всякие попытки навязать им понимание красоты сексуальных отношений. Поэтому мужчины округа Мэдисон продолжали играть в свои весьма занимательные и веками проверенные игры, которые позволяли им сохранять прежнее положение вещей, в то время как женщины ночами вздыхали и поворачивались лицом к стене.

В Роберте Кинкейде же было такое, что позволяло ему сразу понять, как обстоит дело. Она не сомневалась в этом.

Франческа завернулась в полотенце и прошла в спальню. Часы показывали начало одиннадцатого. Жара не спадала, но после ванны ей стало лучше. Она открыла шкаф и достала новое платье.

Франческа откинула назад свои длинные черные волосы и заколола их серебряной заколкой. Серебряные серьги в виде обручей и свободный серебряный браслет она тоже купила утром в Де-Мойне.

Теперь немного «Песни южного ветра» на волосы и шею и чуть-чуть помады, тоном светлее, чем платье. В зеркале отражалось треугольное лицо с высокими скулами — лицо женщины латинского происхождения. От постоянной работы под открытым небом в шортах и купальнике кожа ее приобрела смуглый оттенок, и в сочетании с розовым платьем тело смотрелось великолепно. Стройные загорелые ноги тоже выглядели неплохо.

Она поворачивалась перед зеркалом то одним боком, то другим. Да, пожалуй, Франческа сделала все, что могла. И, вполне удовлетворенная увиденным, она произнесла вслух:

— А ведь совсем даже ничего.

Роберт Кинкейд уже принялся за вторую бутылку пива и начал перепаковывать рюкзаки, когда Франческа вошла в кухню. Он поднял на нее глаза.

— Иисус Христос, — негромко пробормотал он.

Чувства, жившие в нем до сих пор, его поиски и раздумья сошлись воедино в это мгновение, вся прожитая жизнь, отданная чувствам и поискам, обрела наконец смысл, и Роберт Кинкейд влюбился во Франческу Джонсон, жену фермера, когда-то очень давно покинувшую Неаполь ради округа Мэдисон, штат Айова.

— Я хочу сказать, — голос его звучал хрипло и немного дрожал, — если только вы не рассердитесь на меня за нахальство. Так вот, вы потрясающая. Я серьезно. Вы просто экстракласс, Франческа, в наивысочайшем смысле этого слова.

Его восхищение было совершенно искренним, в этом не могло быть никаких сомнений. И Франческа упивалась им, погружалась в него, оно окутывало ее, проникало во все поры ее кожи, как нежнейшее масло, которое проливало на нее некое высшее существо, чья божественная сила уже много лет как покинула ее, а теперь вернулась обратно.

В это мгновение она влюбилась в Роберта Кинкейда, фотографа и писателя из Беллингхема, штат Вашингтон, у которого был старый грузовик по имени «Гарри».

Роберт Джеймс Уоллер

В это мгновение она влюбилась в Роберта
Кинкейда, фотографа и писателя из Беллингхема, штат Вашингтон, у которого был старый
грузовик по имени «Гарри».

Войди, здесь есть место танцу

Был вечер, вторник, августа тысяча девятьсот шестьдесят пятого года, и Роберт Кинкейд серьезно посмотрел на Франческу
Джонсон, а она серьезно посмотрела на него. Их разделяли десять футов, но они были
прикованы друг к другу — прикованы крепко, надежно, и цепи, соединяющие их, пере-
плелись так, что ни одна сила не смогла бы
их распутать.

Зазвонил телефон. Она продолжала смотреть на Роберта, не делая ни малейшего движения, чтобы снять трубку. И после второго
звонка она не шевельнулась. Наступила глубо-
кая тишина между вторым и третьим звон-
ком, и тогда Роберт сделал глубокий вздох и
перевел взгляд на свои рюкзаки, а она пере-

секла пространство длиной в несколько шагов, что отделяли ее от телефона и от Роберта Кинкейда, потому что его стул находился рядом с аппаратом.

— Ферма Джонсонов... Привет, Мардж. Все отлично. В четверг вечером? — Она принялась подсчитывать в уме: он сказал, что пробудет здесь неделю, приехал он вчера, сегодня только вторник. Солгать было легко.

Она стояла у двери и держала трубку в левой руке, а он сидел к ней спиной, совсем рядом, Франческа протянула правую руку и положила ладонь на его плечо спокойным естественным жестом, присущим некоторым женщинам по отношению к тем мужчинам, о которых они заботятся. За двадцать четыре часа Франческа пришла к ощущению ответственности за Роберта Кинкейда.

— Ох, Мардж, у меня дел по горло. Мне нужно в Де-Мойн за покупками. Ричард с детьми уехали, и у меня, слава богу, появилась возможность съездить купить без помех все, что нужно. А то я откладывала и откладывала на потом.

Ее рука спокойно лежала на его плече. Она чувствовала, как под пальцами от шеи выше ключицы проходит крепкий мускул, смотрела на густые волосы, аккуратно расчесанные на пробор. Воротника рубашки не было видно под волосами.

Мардж тем временем продолжала что-то бубнить.

— Да, Ричард недавно звонил... Нет, смотреть будут в среду, не раньше. Ричард сказал, что они приедут только поздно вечером в пятницу. Хотят что-то еще посмотреть в четверг. Путь неблизкий, к тому же вести такой фургон не так-то просто, пусть даже без бычка... Нет, на следующей неделе тренировки точно не начнутся... Угу, еще неделя. По крайней мере, так мне сказал Майкл.

До ее сознания вдруг дошло, каким теплым он был. Тепло проникло сквозь рубашку в ее ладонь, поднялось выше, к плечам и шее, и оттуда уже растекалось по всему ее телу, не встречая препятствий на своем пути. Она ничего не делала, чтобы направить тепло в какую-то определенную точку, все происходило само по себе, без ее воли и сознания. Он сидел очень тихо, не шевелясь, чтобы случайным движением не выдать своего присутствия и не насторожить Мардж. Франческа поняла это.

— ...А, да, проезжал тут один человек, он не знал дороги.

Значит, вчера Флойд Кларк немедленно, как только добрался домой, сразу доложил жене, что видел во дворе у Джонсонов зеленый грузовик.

— Фотограф? Господи, ну откуда я знаю? Я не обратила внимания. Все может быть... — Лгать становилось все легче. — Он искал Розовый мост... Серьезно? Снимает старые мосты? Ну что ж, по-моему, безобидное занятие. Что-что? Хиппи? — Франческа хихикнула и увидела, что Кинкейд покачал головой. — Ну, понимаешь, я не совсем знаю, как выглядят хиппи. Разговаривал он вежливо, да и оставался-то минуты две, не больше, а потом сразу уехал... Ой, я не знаю, есть в Италии хиппи или нет, Мардж, так как была там в последний раз восемь лет назад. Кроме того, я уже сказала, не уверена, что узнала бы хиппи, если бы даже увидела его.

Мардж заговорила о свободной любви, коммунах и наркотиках — она где-то что-то читала и теперь хотела обсудить это с Франческой.

— Мардж, послушай, я тут стою раздетая. Когда ты позвонила, я собиралась лезть в ванну. Так что я побегу, а то вода остынет, хорошо?.. Обязательно потом позвоню. Пока.

Ей не хотелось убирать руку с его плеча, но у нее уже не было предлога оставаться рядом. Поэтому она отошла к мойке и включила радио. Опять передают «кантри». Она покрутила ручку настройки и услышала звуки оркестра.

— «Мандарин», — сказал он.

— Что-что?

— Песня так называется — «Мандарин», — объяснил он. — В ней поется о красотке из Аргентины.

Снова разговор запрыгал по верхушкам, не касаясь глубоких тем. Слова, слова, немножко о том, немножко о другом. Разговор как средство выиграть время и вместе с тем понять все, что происходит... Взгляд со стороны и тихое щелканье замка в мозгу, когда за двумя людьми захлопывается дверь на какой-то кухне, где-то далеко-далеко в штате Айова.

Она еле заметно улыбнулась:

— Проголодались? Ужин готов, можно начинать, если хотите.

— У меня был длинный и хороший день. Я бы сначала выпил еще пива, а потом можно приниматься за еду, — ответил он. — Хотите ко мне присоединиться?

«Остановись, — приказывал сам себе Роберт, — и верни равновесие, ты теряешь его с каждой секундой».

Да, она выпьет пива. С удовольствием.

Он открыл две бутылки и поставил одну перед ней.

Франческе нравилось, как она выглядит, как ощущает себя. Женщиной — вот как! Теплой, изящной, беззаботной. Она положила ногу на ногу, и подол ее платья слегка поднялся, обнажив правое колено. Кинкейд облокотился боком о холодильник, руки сложил на груди, а правой он держал бутылку с пивом. Ей нравилось, что он заметил ее ноги, так оно и было на самом деле.

Роберт заметил ее ноги и все в ней. Он мог уйти, ускользнуть, сбежать раньше, и сейчас еще было не поздно это сделать. Разумное начало в нем взывало: «Брось это, Кинкейд, беги отсюда, возвращайся к своим дорогам. Снимай мосты, поезжай в Индию, а по дороге заверни в Бангкок. Возьми там себе дочь торговца, на ощупь гладкую, как шелк, — она знает тайны исступления, ей нашептали их старые тропы. Нырни с ней в озеро посреди джунглей, а потом слушай, изо всех сил слушай, как она хрипит, извиваясь в экстазе, когда ты выворачиваешь ей внутренности на исходе дня. Брось все и беги, — шипел внутренний голос. — Тебе не справиться с этим».

Но старая шарманка уже заиграла медленное уличное танго. Где-то далеко позади или, наоборот, впереди, он и сам не знал точно где, уже послышались его звуки. Танго приближалось, медленно и неуклонно, и смело прочь все разумные доводы, все причины и следствия, оставив лишь водоворот, в котором раздельное должно было стать единым. Неумолимо и беспощадно делало свое дело старое танго, пока впереди для него уже не осталось ничего, кроме Франчески Джонсон.

— Если хотите, мы могли бы потанцевать. Музыка как раз подходящая, — с серьезной застенчивостью предложил он. И тут же поспешил заранее извиниться: — Я не слишком-то умелый партнер, но, если вам хочется потанцевать, я, пожалуй, наверно, справился бы здесь, на кухне.

Джек поскребся в дверь, чтобы его впустили. Ему придется сегодня погулять.

Франческа лишь немного покраснела:

— Согласна. Но только я и сама не очень часто танцую. В юности в Италии — да, любила потанцевать, а теперь только на Новый год и изредка по другим праздникам.

Роберт улыбнулся и поставил бутылку на стол рядом с мойкой. Франческа поднялась, и они пошли навстречу друг другу.

— Студия «Дабл Ю Джи Эн» из Чикаго, — донесся из приемника вкрадчивый баритон. — Сегодня вторник, и мы, как всегда, передаем для вас танцевальную музыку. Слушайте нас после следующих сообщений...

Оба засмеялись. Реклама и телефоны. Между ними стояла реальная действительность. Оба они знали об этом.

Но он протянул левую руку и, чуть наклонившись вперед, взял ее ладонь в свою. И так и сидел скрестив ноги, правая на левой. За окном было очень тихо, стояла, не шелохнувшись, кукуруза.

— Я сейчас.

Франческе не хотелось отнимать руку, но еще одну вещь нужно было сделать. Она открыла нижний правый ящик буфета и достала оттуда две белые свечи, тоже купленные утром в Де-Мойне. На концах у них были надеты небольшие медные подсвечники. Франческа поставила свечи на стол.

Он тоже подошел к столу, слегка наклонил по очереди каждую свечу и зажег их, а Франческа выключила свет. В кухне теперь стало совсем темно, только два крошечных язычка пламени вытянулись вверх и едва заметно трепетали в неподвижном воздухе этой душной ночи. Все вещи совершенно преобразились — Франческа и представить себе не могла, что кухня может выглядеть такой красивой.

Снова заиграла музыка. К счастью, это оказалось медленное переложение «Осенних листьев».

Ей было не по себе, и ему тоже. Но когда он взял ее за руку и коснулся ее талии, она потянулась к нему, и неловкость исчезла. Все стало очень легко. Он передвинул руку чуть дальше и притянул ее к себе.

Франческа ощущала запах — чистый легкий запах хорошего мыла. Так пахнет цивилизованный мужчина в цивилизованном мире — чем-то приятно основательным. А исходившее от него тепло заставляло вспомнить о первобытной жизни, об истоках цивилизации.

— Хорошие духи, — сказал он и потянул ее руку ближе к себе, так что их переплетенные пальцы лежали на его груди, около плеча.

— Спасибо.

Они продолжали свой медленный танец. Размеры кухни не позволяли им переходить далеко с места на место, да им это было и не нужно. Франческа чувствовала, как его ноги двигаются около ее ног, как касаются друг друга их бедра.

Песня кончилась, но он не отпускал ее, тихонько напевая только что отзвучавшую мелодию, и они так и остались стоять на месте, пока не началась новая, и он снова повел ее в такт музыке. Танец продолжался, а за окном в предчувствии близкого конца лета завели свою жалобную песню кузнечики.

Через тонкую ткань рубашки она чувствовала мускулы его рук и плеч. Он был настоящий, самый настоящий из всего, что она знала в жизни.

Он слегка наклонил голову и коснулся щекой ее щеки.

Позже, в какой-то из тех дней, что они провели вместе, он назвал себя одним из последних на земле ковбоев. Франческа и Роберт сидели на траве, прислонившись к поливальной машине. Она не поняла и спросила, что он хочет этим сказать.

И тогда он объяснил ей.

— Дело в том, — начал он, — что в наше время определенная порода людей выходит из употребления. Или вот-вот выйдет. Этот мир становится все более упорядоченным, слишком упорядоченным для меня, например, и некоторых других людей. Все вещи находятся на своих местах, и для всего существует определенное место. Ну конечно, мои фотоаппараты существуют только благодаря упорядоченности, не могу не признать этого, но я сейчас говорю о другом. Жесткие правила и строгие инструкции, законы и социальные ограничения — о них идет речь. Кругом иерархия власти, контролируемые участки деятельности, долгосрочные планы, точно рассчитанные бюджеты. Мы верим в корпоративную мощь и спланированную мудрость расчета. Это мир измятых костюмов и именных наклеек на портфелях.

Но не все мы одинаковые. Кто-то приспосабливается к этому миру, а кто-то — и, возможно, таких найдется немало — не может. Достаточно посмотреть на все эти компьютеры, роботы, вслушаться в то, что нам предрекают. В прежние времена, в том мире, который теперь уходит навсегда, в нас нуждались, потому что никто больше — ни другие люди, ни машины — не делал то, что могли мы: быстрее бегали, были сильнее и проворнее, яростнее нападали и бесстрашно отбивались. Смелость и отвага сопутствовали нам. Мы дальше всех метали копья и побеждали в рукопашных битвах.

Но в конечном итоге власть в этом мире перейдет к компьютерам и роботам, то есть человек будет управлять машинами, но это не потребует уже от него ни мужества, ни силы, ни каких-либо других подобных качеств, то есть мы, мужчины, переживаем самих себя. Что нужно, чтобы род людской не вымирал? Чтобы в холодильных камерах не переводились запасы спермы, и сейчас все именно к этому и идет. Кстати, женщины заявляют, что большинство мужчин никуда не годны как любовники, так что, когда секс заменят наукой, никто этого не заметит.

Мы отказываемся от свободы ради упорядоченности и носимся со своими переживаниями. Во главу угла мы поставили производительность и эффективность. Но исчезает свобода — и ковбои уходят вместе с ней, вымирают, как горные львы и серые волки. Нет больше в этом мире места для вольных странников.

Я один из немногих оставшихся ковбоев. Моя работа в определенном смысле позволяет мне жить вольной жизнью настолько, насколько это вообще возможно в наше время. Я не жалею о том, что прежняя жизнь уходит, разве что иногда ощущаю смутную тоску. По-другому быть просто не может, только так мы сохраним самих себя от уничтожения. Я совершенно убежден, что главный источник всех бед на земле — мужские половые гормоны. Одно дело, когда племя побеждает племя и порабощает его. Другое дело, когда и у того, и у другого есть ракеты. И опять же другое дело, когда человек имеет все необходимое, чтобы губить природу, как мы это делаем. Рэчел Карсон права, так же как и Джон Мюир и Олдо Леопольд.

Беда нашего времени в том, что слишком много мужских гормонов скапливается там, где они могут принести значительный вред. Я даже не имею в виду войны между нациями или насилие над природой. Речь идет о нашей воинственности, о готовности нападать друг на друга при каждом удобном случае, и поэтому все мы стараемся держаться по отдельности. А это порождает проблемы, которые нужно преодолевать. Мы должны возвыситься над своими гормонами или, во всяком случае, держать их в узде.

Думаю, пора бросать игры и вырастать. Я понимаю это, черт возьми, понимаю и признаю без возражений. Просто хотел бы поснимать еще немного и убраться из этого мира раньше, чем окончательно устарею или причиню кому-нибудь вред.

Многие годы она вспоминала эти его слова. Все было правильно, и в то же время сама суть его личности противоречила тому, что он сказал. Да, в нем чувствовалась некая воинственная сила, но он полностью подчинил ее своей воле, по своему желанию пускал ее в ход или, наоборот, сдерживал, не давал ей вырваться наружу.

Именно это больше всего смущало и привлекало ее в нем. Сила его была невероятна, но Роберт в совершенстве владел ею, мог направлять ее, как стрелу, точно измеряя глубину проникновения в цель, и при этом никогда не пользовался ею с холодным или недостойным расчетом.

В тот вторник они танцевали на кухне, постепенно и естественно приближаясь друг к другу. Послушная его рукам, Франческа все теснее прижималась к нему, и сквозь тонкую ткань своей рубашки и ее платья он чувствовал нежное тепло ее груди.

Ей было хорошо. Если бы так могло быть всегда! Пусть звучат старые песни и длится танец, пусть еще сильней прижимается к ее телу его тело. Франческа снова стала женщиной, и ей снова есть где танцевать. Она медленно и неуклонно уходила туда, где прежде никогда не бывала.

Жара не спадала, и усилилась влажность. Далеко на юго-западе пророкотал гром. Ночные мотыльки распластались на сетке. Огонь свечей их манил, но сетка преграждала путь к свету.

Он погружался, проваливался в нее. А она в него. Франческа откинула немного назад голову, ее темные глаза смотрели ему в глаза. И тогда Роберт поцеловал ее, и она ответила. И долгий, долгий поцелуй хлынул на них, как поток.

Танец был уже им не нужен, и ее руки теперь обнимали его за шею. Левой рукой Роберт обхватил Франческу за талию, а правой медленно провел по ее шее, затем по щеке и волосам. Томас Вулф говорил о «духе забытого нетерпения». Теперь этот дух ожил во Франческе Джонсон. В них обоих.

В свой шестьдесят седьмой день рождения Франческа сидела у окна и смотрела на дождь. Она вспоминала. Бренди она унесла на кухню и остановилась в дверях, глядя на то место, где они оба когда-то стояли. Она чувствовала, как рвутся наружу воспоминания. Так было всегда. Воспоминания по-прежнему жили в ней и вызывали чувства настолько сильные, что даже теперь, спустя столько лет, она не смела давать им волю чаще, чем раз в году.

Она боялась, что ее мозг просто не выдержит и распадется под ударами пульсирующих в нем эмоций.

Она отстраняла от себя воспоминания совершенно сознательно — это был вопрос выживания. Но в последние годы подробности тех дней все чаще всплывали в ее памяти, так что всякие попытки остановить их поток она прекратила, не в силах противостоять ему. Образы возникали в ее мозгу, ясные и отчетливые, как если бы все происходило совсем недавно. А ведь прошло столько времени! Двадцать два года. Теперь все возвращалось обратно, становилось реальностью — единственной реальностью, ради которой ей хотелось бы жить.

Она знала, что ей шестьдесят семь, и примирилась с этим. Но представить, что Роберту Кинкейду семьдесят пять, она не могла. Не могла думать об этом, не в состоянии была это представить или хотя бы представить, что представляет. Он находился здесь, с ней, в этой самой кухне, в белой рубашке, брюках цвета хаки и коричневых сандалиях. Длинные седеющие волосы спускались сзади на воротничок, шею обхватывала серебряная цепочка, на запястье темнел старый серебряный браслет. Он всегда был здесь, Роберт Кинкейд, обнимал ее, прижимал к себе.

Через какое-то очень долгое время Франческа смогла оторваться от него. Она сделала шаг в сторону, взяла его за руку и повела за собой к лестнице, вверх по ступенькам, по коридору в свою комнату. Зажгла настольную лампу.

Теперь, через много лет, Франческа снова повторила тот путь. Она взяла рюмку с бренди и стала медленно подниматься по ступенькам, откинув назад правую руку, как будто вела за собой свои воспоминания. Она поднялась наверх и пошла по коридору, дошла до своей спальни, толкнула дверь и вошла.

Образы и физические ощущения врезались в ее мозг с такой отчетливостью, что ей казалось, будто она смотрит на вереницу фотографий, одна за другой разворачивающих перед ней всю последовательность событий той ночи. Франческа помнила, как они медленно, будто во сне, сбросили с себя одежду, помнила прикосновение обнаженного тела к своей коже. Он смотрел на нее сверху, потом прикоснулся к ее животу, затем к соскам и снова повторил все движения, очень медленно, потом еще раз, словно животное в брачном танце в соответствии с предписанным ему природой древним ритуалом. Снова и снова он кружил над ней и при этом целовал то ее лицо, то мочки ушей, то проводил языком вдоль ее шеи, вылизывая ее, как могучий леопард в высокой траве вылизывает свою самку.

Да, он походил на дикого зверя. Сильный, гибкий самец, чья власть над ней хотя и не выражалась ни в чем явном, но это была настоящая, абсолютная власть — именно такая, какую Франческа хотела испытать на себе в тот момент.

Власть Роберта над ней выходила далеко за границы физического, хотя способность заниматься любовью так долго, как он мог это делать, была частью его власти. Но ее любовь к нему была духовной, пусть это сейчас для нее звучит банально, принимая во внимание, сколько уже сказано на эту тему за последние десятилетия. Она была именно и прежде всего духовной, но не заурядной.

Мысль появилась внезапно, и она прошептала:

— Роберт, Роберт, ты сильный... мне даже страшно.

Он был сильный, и физически тоже, но не это она имела в виду. Секс составлял только какую-то часть от целого. С самого первого момента, как Франческа увидела Роберта, она предвкушала или, во всяком случае, у нее появилась надежда на что-то очень хорошее и приятное. Ей хотелось нарушить тягостное однообразие повседневности, сломать установившийся шаблон своей жизни, в том числе и сексуальной. И она совсем не предполагала, что встретится с его странной, непонятной силой.

Ей стало казаться, что он распространяет свою власть над ней во всех измерениях, и это пугало ее. Поначалу Франческа не сомневалась, что какая-то часть ее личности останется нетронутой, что бы ни произошло между ней и Робертом Кинкейдом, — та часть, которая всегда принадлежала ее семье и жизни в округе Мэдисон.

Но получилось так, что он забрал и эту часть тоже. Она должна была понять, что это произойдет, уже в тот момент, когда он зашел к ней во двор узнать, как проехать к Розовому мосту. Ей тогда сразу пришло в голову, что он похож на колдуна, шамана, и так оно и оказалось на самом деле.

Они занимались любовью час или, может быть, дольше, потом он медленно отодвигался, не сводя с нее глаз и закуривая по очереди две сигареты — одну для нее, другую для себя. Иногда он просто лежал рядом. Но всегда он должен был касаться ее рукой, чувствовать под пальцами ее тело, ощущать гладкость и тепло ее кожи. Потом наступал момент, когда он снова оказывался в ней и нежно шептал ей на ухо, как он любит ее, и целовал после каждой произнесенной фразы, после каждого слова. Одной рукой он обхватывал ее талию, стремясь, чтобы их проникновение друг в друга было как можно более полным, чтобы оно стало совершенным.

И тогда рассудок ее сворачивался в клубок и уходил куда-то вглубь черепной коробки, дыхание становилось тяжелым и прерывистым, она полностью отдавалась в его власть, и он уносил ее в те места, где обитал ее дух. А находился он в странных, никому не ведомых местах, населенных призраками тех существ, что не нашли себе пристанище на ветвях древа Дарвиновой логики.

Она утыкалась лицом в его шею, плоть к плоти, и чувствовала, как ее ноздри начинают воспринимать запахи реки и дыма от костра, а до слуха доносился стук колес старых паровозов, покидающих ночами зимние вокзалы далекого прошлого. Она видела странников в черных одеяниях, чей путь пролегал вдоль замерзших рек и пышных летних лугов к истокам мира и краю земли. Снова и снова скользил по ее телу леопард, легкий и гибкий, как ветер прерий, и, колыхаясь под его тяжестью, она летела верхом на ветре, как весталка в храме, к благоуханному быстрому пламени, зажженному для тех, кто доплыл до излучины реки забвения.

Задыхаясь, она тихо шептала:

— Роберт... о Роберт, я растворяюсь в тебе.

С ней случилось то, о чем она давно уже забыла, — оргазмы приходили один за другим, и причиной тому был этот удивительный человек. Ее поражала выносливость Роберта. И тогда он объяснил ей, что может достигать экстаза не только физически, но и через определенное состояние духа и что оргазм рассудка имеет свои необычные свойства.

Она не представляла, о чем он говорит. Ей только было ясно, что он до отказа натянул свои поводья, а затем обмотал вокруг них обоих так туго, что Франческа бы, наверно, задохнулась, если бы не ощущала безудержной свободы от самой себя.

Ночь продолжалась, и они поднимались по долгой спирали великого танца. Для Роберта Кинкейда больше не существовало линий или направлений — только форма, звук и тень. Он шел древними тропами, и путь ему освещало пламя свечей, слепленных из залитого солнцем инея, что таял на летней зеленой траве и осенних опавших листьях.

Он слышал шепот собственного голоса, но этот голос, казалось, исходил от кого-то другого, а не от него. Он узнал строчки из стихов Рильке[1]: «Вокруг старой башни... я кружу и кружу вот уже тысячу лет» — «Солнечная песнь Навахо». Он рассказывал Франческе о видениях, рожденных в нем ею: о песчаных бурях и красных ветрах и о бурых пеликанах,

---

[1] Рильке Райнер Мария (1875–1926) — австрийский поэт. Ведущая тема — преодоление одиночества через любовь к морям и слияние с природой.

171

плывущих верхом на дельфинах на север вдоль побережья Африки.

Она выгибалась навстречу ему, и с ее губ слетали звуки — очень тихие, неясные звуки. Но язык, на котором она говорила, был понятен ему, и в этой женщине, лежащей под ним, живот к животу, в самой ее глубине, нашел наконец Роберт Кинкейд то, что искал всю свою жизнь.

Он понял теперь значение маленьких следов на пустынных берегах океанов и тайных грузов, что везли на себе корабли, никогда не покидавшие гаваней, понял смысл взглядов, брошенных на него из-за плотно занавешенных окон домов, когда, подгоняемый ветром, он шел мимо них по улицам мертвых городов. И как могучий охотник прежних времен проходит долгий путь, прежде чем впереди покажутся огни родного дома, так и он, Роберт Кинкейд, увидел наконец свет в конце пути, и одиночество оставило его. Наконец оставило. Наконец. Он пришел... кажется, пришел. Он лежал завершенный, наполненный до конца своей любовью к ней. Наконец.

Ближе к утру он приподнялся, посмотрел ей в глаза и сказал:

— Вот для чего я пришел на эту планету, и именно сейчас, Франческа. Не для того, чтобы бродить по земле или снимать на пленку какие-то предметы. Я здесь, чтобы любить тебя. Теперь я это знаю. Я все летел куда-то с вершины огромной высокой горы, и это началось в далеком прошлом, потому что я прожил в полете много-много лет, гораздо больше, чем живу на свете. И все это время, все эти годы я летел к тебе.

Когда они спустились вниз, радио еще работало.

Начало рассветать, но солнца не было видно за тонким слоем утренних облаков.

— Франческа, я хочу тебя кое о чем попросить, — сказал он и улыбнулся, глядя, как она возится с кофеваркой.

— Да? — Она посмотрела на него. «Господи, я же люблю его, — думала она, пошатываясь после бессонной ночи, — и я хочу его еще, хочу, чтобы это никогда не кончалось».

— Надень джинсы и футболку, в которой ты была вчера, и босоножки, а больше ничего не надо. Я хочу снять тебя такой, какая ты сейчас, в это утро. Это будет фотография для нас двоих.

Она пошла наверх, чувствуя, как ослабели ее ноги после этой ночи, оделась и вышла с ним на пастбище. Вот тогда он и сделал фотографию, на которую она смотрела в свой день рождения все эти годы.

Она лежала наверх, чувствуя, как ослабели
ее ноги после этой ночи, оделась и вышла с
ним на пастбище. Вот тогда он и сделал фотографии, которые будет рассматривать в свой день
рождения, зимой.

Дорога и странник

За эти несколько дней Роберт Кинкейд забросил все свои дела. И Франческа Джонсон оставила работу на ферме, делая лишь самое необходимое. Все время они проводили вместе,
разговаривали или занимались любовью. Два
раза по ее просьбе он брал гитару и, подыгры-
вая себе, пел для нее. Голос его был совсем не-
плох — нечто среднее между сносным и хоро-
шим, хотя он немного смущался и говорил ей,
что она его первая публика. Когда он сказал
это, Франческа улыбнулась и поцеловала его, а
потом снова погрузилась в свои чувства,
слушая, как он поет о вельботах и песчаных
бурях.

Однажды они завели «Гарри» и ездили
вдвоем в аэропорт в Де-Мойн. Ему нужно было отправить отснятую пленку в Нью-Йорк.

Кинкейд всегда посылал вперед несколько катушек, если позволяли условия, чтобы редакторы имели возможность оценить его работу, а техники могли проверить состояние затворов фотоаппаратов.

Потом они зашли в какой-то очень изысканный ресторан. Он протянул руки через стол, взял ее руки в свои и долго смотрел на Франческу напряженным, пристальным взглядом. Официант, глядя на них, улыбался, в глубине души надеясь, что когда-нибудь и ему выпадет испытать то же самое.

Франческа поражалась способности Роберта Кинкейда предвидеть будущий конец уготованного ему судьбой пути и тому, как спокойно он это воспринимает. Он видел, что племя ковбоев вымирает, понимал, что вместе с ними суждено уйти и ему. Она начала понимать, что он имел в виду, когда говорил о засыхающей ветви эволюционного древа и о том, что сам он остался на конце этой ветви. Однажды, когда он говорил о том, что сам называл «оставшимися напоследок вопросами», он шепотом процитировал: «Никогда больше! — возопил Хозяин Великой пустыни. — Никуда! Никогда!» За собой он не видел продолжения — эволюционная разновидность, к которой он принадлежал, была обречена на гибель.

Разговор произошел в четверг, после того как весь день они занимались любовью. Оба знали, что объяснения не избежать, и оба оттягивали момент, как только могли.

Наконец он спросил:

— Что будем делать?

Франческа молчала. Все внутри у нее разрывалось на части. Потом сказала очень тихо:

— Я не знаю.

— Послушай, хочешь я останусь здесь или в городе — все равно. Когда они приедут, я просто приду и поговорю с твоим мужем. Объясню ему все как есть. Конечно, это будет нелегко, но я справлюсь.

Она покачала головой:

— Ричард не поймет этого, он просто не мыслит такими категориями и не приемлет существования предопределенности или страсти и вообще всего того, о чем мы говорим и что переживаем. И никогда не поймет. Я не хочу сказать, что он человек второго сорта, нет. Просто такие вещи слишком далеки от его сознания. Он не привык иметь с ними дело.

— Так, значит, пусть все останется, как есть? — Роберт смотрел на нее серьезно, не улыбаясь.

— Я не знаю. Пойми, Роберт, в каком-то странном смысле ты владеешь мной. Я не хотела этого, так случилось. Уверена, что и ты к этому не стремился. Я больше не сижу рядом с тобой на траве, а заперта в тебе, как добровольный узник.

Он ответил:

— Не уверен, что ты во мне, Франческа, или я в тебе и владею тобой. По крайней мере, не хочу тобой владеть. Мне кажется, мы оба находимся сейчас внутри совсем другого существа, которое сами создали. Оно называется «мы».

И даже не внутри этого существа. Оно — это мы сами, которые потеряли самих себя, но создали нечто новое — переплетение нас обоих. Господи, мы же любим друг друга, любим так глубоко, так сильно, как только возможно любить.

Давай путешествовать вместе, Франческа. Это совсем не трудно. Мы будем заниматься любовью в песках пустыни и пить бренди на балконах Момбасы и смотреть, как под утренним бризом поднимают паруса аравийские дау[1]. Я покажу тебе страну львов и старинный французский город в Бенгальском заливе — там есть чудный ресторан на крыше одного из домов. Ты увидишь, как карабкаются в ущельях гор поезда, полюбуешься маленькими харчевнями басков в Пиренеях. Мы сможем увидеть тигриный заповедник в Южной Индии. Там есть огромное озеро, а посреди него остров. Это удивительное место. А если ты не хочешь все время ездить, я могу открыть где-нибудь мастерскую и делать репортажи для местных жителей или портреты — да что угодно! И мы будем прекрасно жить.

— Роберт, выслушай меня. Вчера ночью ты сказал мне одну вещь, которую я не могу забыть. Помнишь, я все шептала тебе о твоей силе? Господи, ты очень сильный. А ты сказал о себе: «Я путь, и странник в пути, и все паруса на свете». Ты совершенно правильно сказал. Именно так ты себя ощущаешь и чувствуешь дорогу внутри себя. В каком-то смысле — я не

---

[1] Дау — одномачтовое парусное судно в океане.

уверена, что смогу это точно объяснить, — ты, Роберт, и есть дорога, которая ведет в то место, где мечта разбивается о действительность. И вот оттуда ты и идешь, и дорога эта — ты сам.

Ты — старые рюкзаки в грузовике по имени «Гарри» и огромные самолеты, что летят в Азию. И я хочу, чтобы таким ты и остался. И если твой путь действительно ведет в эволюционный тупик, то врезайся в него на полном ходу. У меня возникают сомнения, что ты сможешь сделать это, если я буду рядом. Разве ты не видишь, что я люблю тебя слишком сильно, чтобы позволить себе хотя бы в чем-то ограничить твою свободу? Сделать это — значит убить то дикое великолепное животное, которое живет в тебе, а с ним погибнет и твоя сила...

Он хотел что-то сказать, но Франческа остановила его:

— Роберт, подожди. Дослушай до конца. Если ты возьмешь меня на руки, посадишь в грузовик и силой увезешь отсюда, я и не пикну. То же самое произойдет, если ты просто позовешь меня с собой. Но я думаю, что ты этого не сделаешь, так как слишком хорошо понимаешь меня и мое внутреннее состояние, понимаешь и мою ответственность за других.

Да, здесь скучно. Я имею в виду мою жизнь. В ней не хватает романтики, любовных переживаний, танцев на кухне при свечах, чудесного ощущения близости с человеком, который знает, как любить женщину. Иными словами, здесь не хватает тебя. Но на мне лежит проклятие ответственности. За Ричарда, за детей. Мой отъезд, мое отсутствие само по себе будет тяжелым ударом для Ричарда. Уже одно это разрушит его жизнь.

Но в довершение всего — и это, пожалуй, еще хуже — ему придется всю оставшуюся жизнь слышать за спиной шепот соседей: «Это Ричард Джонсон. Его распутная женушка-итальянка сбежала с длинноволосым фотографом несколько лет назад». Вот что они скажут. Ричарду придется все это выносить. И дети тоже будут слышать насмешки со всех сторон, пока не уедут из Уинтерсета. Они тоже будут страдать. И возненавидят меня за это.

Пойми, как бы я ни хотела находиться рядом с тобой, быть частью тебя, я не могу порвать со всем, забыть свои обязанности и исчезнуть. Если ты заставишь меня с помощью силы или убедишь меня, я пойду с тобой, так как не могу противостоять тебе, Роберт. И, несмотря на все мои слова, на мою убежденность, что нельзя лишать тебя твоих дорог, я все равно пойду с тобой, потому что, как обычная эгоистка, хочу тебя — для себя.

Но прошу, не делай этого. Не заставляй меня забыть свои обязательства, ответственность. Я не смогу жить с мыслью о том, что сделала. Если я уйду с тобой сейчас, эта мысль превратит меня в нечто совсем иное, чем та женщина, которую ты встретил и полюбил.

Роберт Кинкейд молчал. Он знал, что она имеет в виду, говоря о дорогах и об ответственности — о том, как чувство вины может изменить ее. И в чем-то соглашался с Франческой. Глядя в окно, Роберт внутренне боролся с собой, преодолевая самого себя, чтобы понять ее до конца. Она заплакала.

Тогда он обнял ее, и они долго молчали. Потом он тихо произнес:

— Я хочу сказать тебе одну вещь, Франческа, одну-единственную. И никогда больше не заговорю об этом и не повторю кому-нибудь другому. Прошу тебя, запомни! В том океане двойственности, в котором мы живем, такого рода определенность приходит только раз и никогда больше не повторяется, сколько бы жизней мы ни прожили.

Ночью они снова занимались любовью. Это была ночь с четверга на пятницу, и, когда взошло солнце, они продолжали лежать, время от времени прикасаясь друг к другу и что-то шепча. Потом Франческа уснула, а когда она открыла глаза, солнце стояло высоко над горизонтом, и жара начинала давать о себе знать. Она услышала, как во дворе скрипнула дверь кабины «Гарри»-грузовичка, и торопливо накинула на себя первую попавшуюся одежду.

Он уже сварил кофе и сидел за столом на кухне, дымя сигаретой. Увидев ее, он невесело усмехнулся. Она бросилась к нему, обхватила руками его голову и уткнулась лицом в его плечо. Роберт легонько обнял ее и посадил к себе на колени. Ладони его нежно поглаживали ее плечи и руки.

Наконец Роберт встал. На нем снова были его старые джинсы с оранжевыми подтяжками поверх чистой рубашки цвета хаки, ботинки туго зашнурованы, нож на своем месте. Рабочая безрукавка висела на спинке стула, из кармана торчал тросик со штоком. Ковбой собрался в дальнюю дорогу.

— Я, пожалуй, поеду.

Она кивнула, с трудом удерживаясь, чтобы не заплакать. В его глазах тоже стояли слезы, но он продолжал улыбаться своей незаметной грустной улыбкой.

— Ничего, если я как-нибудь напишу тебе? Я бы хотел, по крайней мере, послать пару фотографий.

— Ничего, — сказала Франческа, вытирая глаза кончиком кухонного полотенца. — Я придумаю какую-нибудь причину, почему мне приходят письма от приезжего хиппи-фотографа. Если, конечно, их не будет слишком много.

— У тебя ведь есть мой адрес и телефон?

Она кивнула.

— Если не застанешь меня там, позвони в «Нейшнл джиографик». Вот номер... — Он вырвал листок из блокнота и протянул ей. — Да и на последней странице журнала тоже всегда печатают телефоны, — добавил он. — Спросишь редакцию. Они скажут тебе, где я.

Захочешь увидеться или просто поговорить, звони без колебаний. Где бы я ни был, в любой точке земного шара, заказывай разговор, а я оплачу — тогда тебе не будут присылать счетов, и никто ничего не узнает. Франческа, я пробуду здесь еще несколько дней. Подумай о том, что я тебе сказал. Я приеду к вам и все устрою, и мы сможем уехать вместе.

Франческа молчала. Она знала, что он действительно может это сделать. Ричард был на пять лет моложе его, но ни в физическом отношении, ни в умственном не мог сравниться с Робертом Кинкейдом.

Голова ее была пустой, мысли ушли куда-то далеко-далеко, все кружилось перед глазами.

«Не уезжай, Роберт Кинкейд!» — слышала она свой собственный немой крик.

Он взял ее за руку, и они вышли из дома, направляясь к грузовику, и остановились около него. Роберт уже поставил ногу на подножку, но затем соскочил назад и снова обнял ее. Так они стояли несколько минут, ни один из них не произнес ни слова. Франческа и Роберт стояли, запечатлевая навеки образ друг друга, признавая и подтверждая еще и еще раз существование того нового, что возникло между ними.

Роберт выпустил из объятий Франческу и прыгнул в кабину. Дверь осталась открытой, он сидел за рулем, а слезы медленно катились по его щекам. Франческа тоже ничего не видела от слез. Потом он медленно закрыл дверь, старые петли негромко скрипнули. Как всегда, «Гарри» не хотел заводиться, но Роберт ботинком слегка ударил несколько раз по акселератору, и в конце концов старый грузовик повиновался.

Он включил задний ход и некоторое время сидел с нажатой педалью сцепления. Потом махнул рукой в сторону проезда и, усмехнувшись, сказал:

— Ты знаешь, мне предстоит дорога. Через месяц я буду на юго-востоке Индии. Хочешь, пришлю тебе оттуда открытку?

Не в состоянии говорить, Франческа только отрицательно покачала головой. Найти у себя в почтовом ящике такое послание для Ричарда будет уже слишком. Она знала, что Роберт понимает ее. Он кивнул.

Грузовик подался немного назад, колеса захрустели по гравию. Из-под кузова во все стороны бросились врассыпную цыплята. Джек пустился вдогонку одному из них, загнал его в сарай и громко залаял.

Роберт Кинкейд высунул руку в открытое окно и помахал. Солнце вспыхнуло на серебряном браслете. Верхние пуговицы его рубашки были расстегнуты.

Он медленно выехал со двора. Слезы застилали Франческе глаза, и она поднесла руки к лицу, чтобы смахнуть их, но они снова набегали, и солнце играло в них, словно в прозрачных кристаллах.

Она подбежала к воротам и остановилась за кустами, чтобы в последний раз увидеть, как бросает из стороны в сторону на ухабах старого «Гарри». Перед поворотом грузовик остановился, дверь кабины открылась, и Роберт Кинкейд встал на подножку, чтобы еще раз посмотреть на Франческу. На расстоянии ста ярдов она казалась совсем маленькой.

Разогретый «Гарри» нетерпеливо подрагивал, дожидаясь, когда ему разрешат ехать дальше. Не делая ни единого движения навстречу друг другу, Франческа и Роберт Кинкейд просто смотрели — она, жена фермера из Айовы, и он, творение засыхающей ветви эволюционного дерева, один из последних на земле ковбоев. Тридцать секунд его острый взгляд фотографа не пропускал ничего, запоминая образ, который Роберт никогда не сможет забыть.

Потом он сел за руль, закрыл дверь грузовика, надавил на сцепление и, глядя сквозь слезы на дорогу, повернул налево, в сторону Уинтерсета. Перед тем как ферма должна была скрыться за небольшой рощицей, Роберт еще раз обернулся и увидел, что Франческа сидела прямо на пыльной дороге сразу за воротами ее дома, опустив голову и закрыв лицо руками, а ее плечи вздрагивали от рыданий, которые она не могла больше сдерживать.

Ричард и дети приехали к вечеру, полные впечатлений о ярмарке и гордые победой бычка. За него они получили ленту, а животное тут же продали на убой. Кэролин немедленно села на телефон, а Майкл взял «форд» и отправился в город, как это он обычно делал по пятницам — поболтаться с ребятами на площади и подразнить проезжающих мимо девушек. Ричард включил телевизор и принялся за кукурузный хлеб с маслом и кленовым сиропом, поминутно расхваливая кулинарные способности Франчески.

Она осталась сидеть на качелях у заднего крыльца. В десять программа закончилась, и Ричард показался в дверях. Потянувшись всем телом, он сказал:

— Хорошо быть дома, уж это точно...

Взгляд его задержался на ней, и он добавил:

— Ты в порядке, Фрэнни? Я смотрю, ты не то устала, не то мечтаешь... или еще что?

— Да нет, все хорошо, Ричард. Я рада, что вы благополучно вернулись.

— Пожалуй, пора на боковую. Неделя выдалась будь здоров. Эта ярмарка и все такое, я порядком выдохся. Идешь, Фрэнни?

— Еще не сейчас. Здесь так хорошо, и я бы еще немножко посидела.

Франческа чувствовала смертельную усталость, но боялась, что у Ричарда на уме секс, а на это она была сегодня просто не способна.

Она тихонько качалась на качелях, отталкиваясь босыми ногами от ступенек крыльца. До слуха ее доносились шаги мужа, когда он перемещался с места на место в их спальне. Из глубины дома слышалась музыка — Кэролин включила радио.

В последующие несколько дней она постаралась не ездить в город. Роберт Кинкейд был где-то рядом, всего в нескольких милях от ее дома, и она боялась, что не сможет сдержать себя, если снова увидит его. Самой себе она призналась, что может попросту броситься к нему и крикнуть: «Все, я еду с тобой!» Один раз она уже бросила вызов судьбе и встретилась с ним у Кедрового моста. Решиться на это второй раз означало слишком большой риск.

Но ко вторнику запасы еды в доме начали иссякать, а Ричарду срочно понадобилось купить запасные части для комбайна — начало сбора кукурузы было не за горами, всю технику следовало привести в порядок. День выдался унылый, слишком холодный для августа. С утра зарядил дождь, и серая пелена тумана опустилась совсем низко, окутывая верхушки деревьев и вершины холмов.

Ричард купил все необходимое и пошел выпить кофе с другими фермерами, а она отправилась по магазинам. Он знал, сколько ей обычно требуется на это времени, и, когда Франческа вышла с покупками из супермаркета, Ричард уже ждал ее. Увидев свою жену, он выскочил из машины, на ходу натягивая кепку «Эллис-Чалмерс», и принялся помогать ей переносить сумки в «форд». Франческа села в кабину, а Ричард стал раскладывать пакеты. Все пространство вокруг ее колен оказалось занято. Ей вспомнились рюкзаки и штативы.

— Придется еще разок заскочить в хозяйственный, — услышала она слова мужа. — Я забыл купить одну деталь.

Они поехали по Сто шестьдесят девятой дороге, часть которой составляла главную улицу Уинтерсета. Через дом от бензоколонки «Тексако» она увидела, как на дорогу выруливает «Гарри». Щетки на лобовом стекле яростно разгоняли дождь. Грузовик ехал впереди, в том же, что и они, направлении.

Их «форд» догнал старый грузовик, но не стал его перегонять, а поехал сзади. С высоты своего сиденья Франческа видела черный брезент, подсунутый под старую шину. Под брезентом очерчивались контуры чемодана и футляра с гитарой, втиснутые в угол за запасным колесом. Окно кабины заливал дождь, но она сумела разглядеть голову и плечи. Роберт наклонился вперед, как будто искал что-то в отделении для перчаток. Восемь дней назад он сделал то же самое, и его рука коснулась тогда ее бедра. А семь дней назад она ездила в Де-Мойн за розовым платьем.

— Далеко забрался грузовичок, — прокомментировал Ричард. — Посмотри, номера-то вашингтонские. Вроде бы за рулем сидит женщина — волосы длинные. Хотя постой-ка! Держу пари, это тот самый фотограф, про которого мне рассказывали в кафе.

Несколько кварталов они ехали за Робертом Кинкейдом по Сто шестьдесят девятой дороге на север, до пересечения ее с Девяносто второй, которая пролегает с запада на восток. На перекрестке они остановились. В этом месте движение было особенно интенсивным — мощные потоки машин устремлялись во всех направлениях, к тому же шел дождь, и видимость становилась все хуже и хуже.

Они стояли друг за другом примерно полминуты, он на тридцать футов впереди нее. Еще оставалась возможность все изменить. Выбежать на дорогу, броситься к правой двери «Гарри», вскарабкаться на рюкзаки, холодильник и штативы.

Уже в пятницу, в ту самую минуту, когда Роберт Кинкейд уехал от нее, Франческа поняла, насколько она ошибалась, думая, что все знает о своих чувствах к нему. Она не сумела измерить силу своей любви. И только сейчас Франческа начала осознавать то, что он понял сразу, но в чем не смог ее убедить.

Прикованная к своему месту цепями ответственности, она сидела не шевелясь и только как завороженная смотрела на окно стоящего перед ними грузовика. Но вот уже на грузовике зажегся левый сигнал поворота, еще секунда — и он уедет. Ричард ловил на приемнике какую-то программу.

В голове ее происходило что-то непонятное. Франческа видела все, как в замедленной съемке. Вот включается стрелка на светофоре... и медленно, медленно «Гарри» трогается с места... Длинные ноги нажимают на педали сцепления и газа, перекатываются под кожей мускулы правой руки... Грузовик поворачивает налево, чтобы по Девяносто второй дороге через Кансл Блаффс и Черные холмы уехать на северо-запад... Медленно... Медленно... Старая машина поворачивает, поворачивает... так медленно... Пересекает полотно дороги и вытягивает нос на запад.

Сквозь слезы и пелену дождя она разглядела вылинявшие буквы красного цвета на двери кабины: «Фотомастерская Кинкейда, Беллингхем, Вашингтон».

Роберт опустил стекло, чтобы лучше видеть дорогу в потоках дождя. Грузовик повернул. Ветер разметал волосы на голове Роберта,
когда, набирая скорость, машина рванулась
на запад.

«Господи, нет... О, Всемогущий Господи!
Я была не права, Роберт, я сделала ошибку, что
осталась... Но я не могу... Дай мне сказать тебе
еще раз... сказать, почему я не могу уйти с тобой... Скажи мне еще раз, почему мне надо
было уйти».

И тогда Франческа услышала его голос —
он долетел до нее с дороги сквозь шум дождя
и порывы ветра: «В том океане двойственности, в котором мы живем, такого рода определенность приходит только раз и никогда больше не повторяется, сколько бы жизней мы ни
прожили».

Ричард нажал на газ, и их «форд» медленно
пересек дорогу, направляясь на север. Она
мельком взглянула налево и увидела сквозь
дождь красные огни «Гарри». Старый грузо-

вик казался совсем маленьким рядом с огромным ревущим трейлером, который, направляясь в Уинтерсет, обдал последнего ковбоя потоком воды с дороги.

— Прощай, Роберт Кинкейд, — прошептала она и, не скрываясь больше, заплакала.

Ричард повернул голову и посмотрел на нее:

— Что с тобой, Фрэнни? Прошу тебя, скажи — что с тобой случилось?

— Ричард, мне просто нужно иметь немного времени для самой себя. Не беспокойся, через несколько минут все будет в порядке.

Ричард включил программу новостей животноводства, еще раз взглянул на нее и покачал головой.

Пепел

Ночь пришла в округ Мэдисон. Был тысяча девятьсот восемьдесят седьмой год, ее шестьдесят седьмой день рождения. Франческа уже два часа как лежала в постели. Все, что случилось тогда, двадцать два года назад, теперь подступило к ней, и она видела, слышала и ощущала запахи тех давно ушедших в прошлое событий.

Она вспомнила все, с начала до конца, и принялась вспоминать опять. Двадцать два года перед глазами ее стояли красные огни, удалявшиеся от нее по Девяносто второй дороге в тот безрадостный дождливый день. Франческа коснулась пальцами груди. Память о нем жива в ней: тело Роберта, мощные грудные мышцы, ощущение его тяжести на себе. Господи, как она любила этого человека! И потом тоже, даже больше, чем она могла себе представить. И продолжает до сих пор любить. Она все готова была сделать для него — все, кроме одного: она не могла разрушить жизнь своих близких, а возможно, и его жизнь тоже.

Франческа спустилась вниз и села у старого кухонного стола с желтой пластиковой поверхностью. Ричард в свое время настоял и купил новый стол. Но она попросила, чтобы старый не выбрасывали, а поставили в сарай. Перед тем как стол унесли, она тщательно завернула его в полиэтиленовую пленку.

— Не понимаю, что ты нашла в этом старье, — проворчал тогда Ричард, помогая перенести стол в сарай.

А после смерти Ричарда Майкл по ее просьбе принес стол обратно, не спрашивая, зачем ей это понадобилось, а только вопросительно посмотрел на нее, но она ничего не сказала.

А теперь Франческа сидела за этим столом. Через некоторое время она поднялась, подошла к буфету и вынула из ящика две белые свечи в маленьких медных подсвечниках. Она зажгла их, потом включила радио и крутила ручку настройки до тех пор, пока не услышала тихую музыку.

Долго Франческа стояла у мойки, слегка откинув назад голову и всматриваясь в воспоминания.

— Я помню тебя, Роберт Кинкейд, — шептала она. — Помню. Наверно, Хозяин Великой пустыни был прав. Наверно, ты был последним. Наверно, ковбои и в самом деле вымирают.

До того как умер Ричард, она ни разу не пыталась позвонить Кинкейду или написать ему, хотя все эти годы изо дня в день она жила так, словно ходила по лезвию ножа. Если бы она услышала его голос, то уехала бы к нему. И если бы она написала, то Роберт бы приехал за ней. Слишком глубокое было у них чувство. Все эти годы он тоже не звонил и не писал ей, после того как прислал фотографии и рукопись. Он понимал, сколько осложнений мог внести в ее жизнь.

В сентябре тысяча девятьсот шестьдесят пятого года она подписалась на «Нейшнл джиографик», и в следующем году вышла статья о крытых мостах. Там была фотография Розового моста в теплых лучах утреннего света — света того утра, когда он нашел ее записку. На обложке они поместили фото, на котором упряжка лошадей тащила фургон к Горбатому мосту. Статью тоже написал Роберт.

На последней странице журнала, там, где представляли журналистов и фотографов, часто вместе с краткими сведениями помещали фотографии, среди которых были и его. Все те же серебристо-седые волосы, браслет, джинсы или брюки цвета хаки, через плечо фотоаппарат. На руках набухли вены. Она видела его среди песков пустыни Калахари, и у стен Джайпурского монастыря в Индии, и в каноэ в Гватемале, и на севере Канады. Он оставался прежним — ковбоем в дороге.

Франческа вырезала все фотографии и хранила их в большом коричневом конверте вместе с тем журналом, где была напечатана статья о крытых мостах, рукописью, двумя фотографиями и его письмом. Конверт она спрятала в ящике платяного шкафа, под своим нижним бельем, куда Ричард никогда не заглядывал. Все эти годы она собирала вырезки с фотографиями и, как сторонний наблюдатель, отмечала в облике Роберта Кинкейда появление признаков старости.

Улыбка его оставалась прежней, да и, пожалуй, высокая худощавая фигура с крепкими мускулами тоже. Но она видела, как все отчетливее становились заметны морщины около глаз, как начали горбиться плечи, обвисать щеки. Да, она видела. Она, которая знала каждую клеточку его тела лучше, чем что бы то ни было, чем свое собственное тело. И теперь, когда он старел, она желала его еще больше, если это вообще было возможно. Она чувствовала — нет, не чувствовала, а знала, — что он один. Так оно и оказалось на самом деле.

Сидя на кухне за столом, Франческа пересматривала при тусклом пламени свечей все свои вырезки. Роберт Кинкейд смотрел на нее из самых отдаленных уголков земли. Она дошла до одного снимка, вырезанного из журнала шестьдесят седьмого года. Роберт работал на какой-то реке в Восточной Африке и был снят с довольно-таки близкого расстояния. Присев на корточки и устремив взгляд в фотоаппарат, он готовился запечатлеть какой-то объект.

Когда она первый раз, много лет назад, увидела этот снимок, ей бросилось в глаза, что на серебряной цепочке вокруг шеи висит теперь небольшой медальон. К тому времени Майкл уже учился в колледже и не жил с ними, так что, когда Ричард и Кэролин вечером легли спать, она достала увеличительное стекло Майкла, которым тот пользовался, когда собирал марки, и через него стала разглядывать медальон.

— Господи, — выдохнула она.

На медальоне было выгравировано: «Франческа». Единственная маленькая нескромность, которую Роберт себе позволил. И она, улыбаясь, простила его. С тех пор на каждом фото он появлялся с медальоном на серебряной цепочке.

С тысяча девятьсот семьдесят пятого года его статьи или фотографии перестали встречаться в журнале. Исчезли упоминания о нем и в колонке на последней странице. Она тщательнейшим образом просматривала все номера, но ничего не находила. Ему к тому времени должно было уже быть шестьдесят два.

Когда в семьдесят девятом году Ричард умер и дети после похорон вернулись к своим семьям и делам, она стала подумывать о том, чтобы позвонить Роберту Кинкейду. Ей исполнилось пятьдесят девять, значит, ему шестьдесят шесть. Еще есть время, хотя и потеряно четырнадцать лет.

Целую неделю она размышляла об этом, а потом достала его письмо, где наверху был напечатан номер телефона его мастерской, и взяла трубку.

Сердце ее замерло, когда Франческа услышала длинные гудки. Потом раздался щелчок на другом конце провода, и она чуть было не повесила трубку. Женский голос произнес:

— Страховая компания Мак-Грегора.

Внутри у нее все оборвалось, но усилием воли она заставила себя заговорить и спросила, тот ли номер она набрала. Номер оказался правильный. Франческа поблагодарила секретаршу и повесила трубку.

Тогда она связалась с диспетчерской в Беллингхеме. Такой фамилии у них не значилось. Она попробовала узнать о нем в Сиэтле. То же самое. Позвонила в отделение Торговой палаты обоих городов и попросила проверить в городских телефонных книгах, не значится ли там фамилия Кинкейд. Они проверили — ее не оказалось. «В конце концов, он может быть где угодно», — подумала тогда она.

Франческа вспомнила, что он упоминал «Нейшнл джиографик», и позвонила туда. Секретарша в редакции оказалась очень вежливой, но сказать ничего не могла, так как пришла в журнал совсем недавно. Но она предложила Франческе связаться с кем-нибудь из тех, кто мог помочь. На третий раз поиски увенчались успехом, и с Франческой говорил помощник редактора, проработавший в журнале двадцать лет. Он помнил Роберта Кинкейда.

— Хотите отыскать его, да? Настоящий дьявол был, а не фотограф, извините за выражение. Вредный до невозможности, в хорошем смысле слова, и неуступчивый. Видите ли, он занимался искусством ради самого искусства, а с такой публикой, как наша, это не очень проходит. Читатели любят красивые, профессионально сделанные картинки, но без буйной фантазии.

Мы всегда считали Кинкейда немного, так сказать, с причудами. Близко никто из нас его не знал. Но в своем деле он был, несомненно, ас. Его посылали куда угодно, и он все делал как надо, хотя в большинстве случаев не соглашался с мнением редакторов. Что же касается его местопребывания на данный момент, то я тут просмотрел его дело, пока мы с вами разговариваем. Он ушел из журнала в семьдесят пятом году. Адрес и телефон у меня записаны следующие... — И он зачитал Франческе те сведения, которые она уже имела. С тех пор Франческа перестала его разыскивать.

Так она и жила, с каждым годом позволяя себе думать о Роберте Кинкейде все чаще и чаще. Франческа все еще хорошо управлялась с машиной и несколько раз в году совершала поездки в Де-Мойн пообедать в том самом ресторане, куда он водил ее. В одну из таких поездок она купила толстую тетрадь в кожаном переплете. Туда она стала заносить аккуратным почерком историю своей любви и свои мысли о Роберте Кинкейде. Ей потребовалось купить еще две такие тетради, прежде чем она удовлетворилась тем, что у нее получилось.

А Уинтерсет из года в год рос и развивался. В городе активно действовала организация, в основном состоящая из женщин, в функции которой входило покровительство искусству, и уже несколько лет подряд там велись разговоры о реставрации старых мостов. На холмах, подальше от города, предприимчивые молодые люди строили дома. Нравы стали значительно мягче, длинные волосы у мужчин уже не служили поводом для косых взглядов, хотя сандалии все еще были редкостью, и поэты тоже.

И все-таки, за исключением нескольких подруг, Франческа перестала общаться с местными жителями. Это не осталось незамеченным, как и тот факт, что ее часто видели у Розового моста и иногда — у Кедрового. Но объяснение нашлось само собой. «У стариков частенько появляются причуды», — говорили между собой люди, и на том все успокоились.

Второго февраля тысяча девятьсот восемьдесят второго года у ее дома остановился фургон Государственной почтово-посылочной службы. Франческа не помнила, чтобы заказывала что-нибудь по почте, и, расписавшись в получении посылки, с недоумением огляделя пакет с адресом «Франческа Джонсон, PP2, Уинтерсет, Айова, 50273». Внизу значился адрес юридической фирмы в Сиэтле.

Пакет был тщательно завернут в бумагу и застрахован. Франческа отнесла его на кухню, положила перед собой и осторожно развернула. Внутри оказались три коробки, переложенные для большей сохранности пенопластом. К одной из них сверху прикрепили небольшой конверт, имеющий изнутри войлочную прокладку. Другой, фирменный, был приклеен ко второй коробке. На нем значились ее адрес и обратный адрес фирмы.

Франческа оторвала клейкую ленту с фирменного конверта и распечатала его. Руки ее дрожали.

«Двадцать пятое января 1982 года.
Миссис Франческе Джонсон, РР2, Уинтерсет, Айова, 50273.

Дорогая миссис Джонсон!
Мы являемся распорядителями имущества покойного Роберта Кинкейда...»

Франческа опустила руку, в которой держала письмо. Порывы ветра разметали снег с замерзших полей и, подхватывая кукурузную шелуху со стерни, сносили ее к проволочному забору. Она снова поднесла письмо к глазам:

«Мы являемся распорядителями имущества покойного Роберта Кинкейда...»

— Роберт... о Роберт... Нет... — Она произнесла эти слова совсем тихо и склонила голову. Прошел час, прежде чем она почувствовала себя в силах прочитать письмо. Прямолинейность юридического языка, точность и беспощадность формулировок вызывали в ней негодование.

«Мы являемся распорядителями...»

Адвокат выполняет свои обязанности по отношению к клиенту.

Но где, где в этих словах сила леопарда, что пришел к ней с неба, держа комету за хвост? Где тот шаман, спросивший у нее дорогу к Розовому мосту в жаркий августовский день? И где тот человек, который смотрел на нее с подножки грузовика «Гарри» — на нее, сидевшую в пыли у ворот фермы, затерянной на просторах Айовы?

Это письмо должно быть на тысяче страниц. Оно должно говорить, кричать о том, что засохло целое звено в цепи эволюционного развития. И о том, что с вольной жизнью в этом мире покончено навсегда. В нем ни слова не было о ковбоях, что вырываются из-за проволочных заборов, как кукурузная шелуха в зимнюю вьюгу.

«...Его единственное завещание составлено восьмого июля тысяча девятьсот шестьдесят седьмого года. Инструкции в отношении тех предметов, которые Вы найдете приложенными к данному письму, точны и не вызывают сомнений. В случае если бы Вас не удалось найти, содержимое посылки предали бы огню.

Внутри коробки с надписью „Письмо" Вы найдете сообщение, которое он оставил для Вас в тысяча девятьсот семьдесят восьмом году. Покойный запечатал его в конверт, который до настоящего времени остается неоткрытым.

Останки покойного мистера Кинкейда были кремированы. По его просьбе их не захоронили. Пепел, также в соответствии с его волей, был развеян одним из наших сотрудников неподалеку от Вашего дома. Полагаю, это место называется Розовый мост.

*Если Вы сочтете нужным обратить-
ся к нам за услугами, мы всегда в Вашем
распоряжении.*

Искренне Ваш

Аллен В. Киппен, поверенный».

Франческа перевела дыхание, вытерла глаза
и принялась исследовать содержимое коробки.

Она уже знала, что находится внутри маленького пухлого конверта. Знала так же точно, как и то, что после зимы наступит весна.
Франческа осторожно вскрыла конверт и заглянула внутрь. Серебряный медальон на цепочке был сильно поцарапан, на одной стороне его было написано «Франческа». На другой
крошечными буквами выгравировано: «Просьба к тому, кто найдет этот медальон, послать
его Франческе Джонсон: РР2, Уинтерсет, Айова, США».

Серебряный браслет она нашла в самом
низу — он был завернут в папиросную бумагу.
Вместе с браслетом в пакетике лежал листок
бумаги. На нем было написано ее почерком:

*«Если хотите поужинать снова „в час,
когда белые мотыльки начинают свой*

танец", приходите сегодня вечером, после того как закончите работу. Любое время подойдет».

Ее записка с Розового моста. Он сохранил на память даже этот маленький клочок бумаги.

Потом Франческа вспомнила, что эта записка была единственной вещью, которая осталась у него от нее, единственным доказательством, что она вообще существовала, не считая призрачных образов на рассыпающейся от времени пленке. Маленькая записка с Розового моста. Она вся была в пятнах и потертостях на многочисленных изгибах, как если бы ее долго хранили в бумажнике.

Как часто он перечитывал записку вдали от холмов Срединной реки? Франческа представляла, как он держит в руке этот клочок бумаги и перечитывает его в который раз под слабой лампочкой в самолете, когда летит куда-нибудь на край света, или как он сидит на земляном полу бамбуковой хижины посреди джунглей и, освещая записку карманным фонариком, читает ее, складывает и убирает в бумажник, или как в дождливый вечер у себя в квартире в Беллингхеме он достает ее, а потом смотрит на фотографии женщины, прислонившейся к столбику забора летним утром или выходящей на закате солнца из-под крыши Кедрового моста.

Во всех трех коробках лежали фотоаппараты и к ним объективы. Они были покрыты многочисленными царапинами, как боевыми шрамами. Франческа перевернула один из аппаратов и прочитала на наклейке «Никон». В верхнем левом углу виднелась буква «Ф». Это был тот самый фотоаппарат, который она подала ему, когда он работал у Кедрового моста.

Наконец дошла очередь до письма. Оно было написано от руки на бумаге с его штампом. В конце стояло число: шестнадцатое августа тысяча девятьсот семьдесят восьмого года.

«Дорогая Франческа!

Надеюсь, это письмо благополучно дойдет. Не знаю, когда ты получишь его. Возможно, когда меня уже не будет в живых. Сейчас мне шестьдесят пять — тринадцать лет прошло с тех пор, как я подъехал к твоему дому, чтобы спросить, куда мне ехать дальше.

Я рискнул послать тебе эту посылку и надеюсь, что она не доставит серьезных забот. Просто мне невыносима была сама мысль, что эти аппараты попадут на полку какого-нибудь заштатного магазина подержанных вещей или просто в чужие руки. Они в довольно-таки неважном состоянии, но мне больше некому оставить их. Пожалуйста, прости меня, что я подвергаю тебя неприятностям, посылая их тебе.

Почти все это время, с шестьдесят пятого по семьдесят пятый год, я находился в разъездах. Мне необходимо было избавиться, хотя бы частично, от постоянного острого желания позвонить тебе или приехать за тобой. С этим желанием я просыпался и засыпал. Поэтому я соглашался на любые задания, лишь бы уехать куда-нибудь подальше от тебя. Бывали моменты — и очень часто, — когда я говорил себе: „К черту все! Я поеду в Уинтерсет и заберу Франческу с собой, чего бы это ни стоило".

Но я помню твои слова и не могу не уважать твои чувства. Наверно, ты поступила правильно. Ясно только одно: уехать от тебя в то жаркое утро в пятницу было самым трудным из всего, что мне приходилось делать в жизни. Честно говоря, я сильно сомневаюсь, что кому-нибудь выпадало испытать похожее.

В семьдесят пятом году я ушел из „Нейшнл джиографик" — решил, что остаток жизни стоит посвятить работе на самого себя. А чтобы прожить, я беру мелкие заказы для наших местных издательств, снимаю окрестности или выезжаю на несколько дней, не больше, куда-нибудь в пределах штата. Деньги мне, конечно, платят ничтожные, но я вполне обхожусь, как, впрочем, и всегда обходился.

Снимаю я в основном пейзажи рядом с Пьюджет-Саунд. Это мое любимое место. Я так думаю, когда человек стареет, его начинает тянуть к воде.

Да, у меня теперь есть собака, золотистый ретривер. Зовут его Хайвей[1].

---

[1] Хайвей — большая дорога, путь (*англ.*).

Он почти всегда путешествует со мной: высунет голову из окна и вынюхивает, что бы еще поснимать интересного.

В семьдесят первом году я упал со скалы в штате Мэн — работал там в Национальном парке „Акадия" и сломал лодыжку. Пока я летел, у меня сорвалась с шеи цепочка с медальоном. К счастью, они оказались недалеко от того места, где я упал. Я нашел их и отдал ювелиру починить.

Все эти годы, Франческа, я живу с ощущением, будто мое сердце покрылось пылью, — по-другому это не назовешь. До тебя в моей жизни было немало женщин, но после тебя — ни одной. Я не давал никаких обетов, просто эта сторона жизни меня больше не интересовала.

Как-то я видел канадского гуся — его подругу подстрелили охотники. Ты, наверно, знаешь, эти птицы спариваются на всю жизнь. Бедолага несколько дней кружил над прудом, улетал, потом снова возвращался. Последний раз, когда я видел его, он одиноко плавал среди стеблей дикого риса — все искал свою подругу. Возможно, такая аналогия покажется слишком очевидной для литературно образованного человека, но, должен признаться, чувствую я себя именно как этот канадский гусь.

Знаешь, очень часто туманным утром или днем, когда солнечные лучи скользят по водам нашего северо-запада, я пытаюсь представить, где ты и что делаешь в тот момент, когда я думаю о тебе. Наверно, ничего такого, что было бы недоступно пониманию, — бродишь по саду, сидишь на крыльце дома, стоишь у раковины на кухне. Как-то так.

Я все помню. Помню, как ты пахнешь и какая ты на вкус — летняя. Я чувствую прикосновение твоей кожи к моей и слышу, как ты что-то шепчешь, когда мы лежим вместе.

Однажды Роберт Пенн Уоррен[1] сказал: „Мир, покинутый Богом". Неплохо звучит.

---

[1] Уоррен, Роберт Пенн — современный американский писатель, публицист.

Я не жалуюсь и не жалею себя — никогда этим не занимался и не склонен к этому. Просто благодарен судьбе за то, что по крайней мере я встретил тебя. Ведь мы могли пролететь друг мимо друга, как две пылинки во Вселенной.

Бог, Космос или как там еще называют ту великую силу, что поддерживает мировой порядок и равновесие, не признает земного времени. Для Вселенной четыре дня — то же самое, что четыре миллиарда световых лет. Я стараюсь помнить об этом.

Но все-таки я — человек, и никакие философские обоснования не могут помочь мне не хотеть тебя, не думать о тебе каждый день, каждую секунду, и беспощадный вой времени — того времени, которое я никогда не смогу провести рядом с тобой, — не смолкает в моей голове ни на мгновение.

Я люблю тебя, люблю так глубоко и сильно, как только возможно любить.

Последний ковбой,
Роберт.

P. S. Прошлым летом я поставил „Гарри" новый мотор, и он теперь отлично бегает».

Посылка пришла пять лет назад, и с тех пор Франческа перебирала эти вещи каждый год в день своего рождения. Она держала их — фотоаппараты, браслет и цепочку — на полке платяного шкафа, в деревянном сундучке, который по ее просьбе сделал из ореха местный плотник. Она сама придумала конструкцию и попросила, чтобы изнутри сундучок был обит войлоком и снабжен фильтром, чтобы в него не попадала пыль. «Хитрая вещица», — заметил ей плотник, но Франческа только улыбнулась в ответ.

И наконец, после осмотра ящичка, наступала очередь последней части ритуала — рукописи. Франческа читала ее при свечах, когда уже становилось совсем темно. Она принесла ее из гостиной на кухню, села за покрытый желтым пластиком стол поближе к свече и закурила свою единственную за весь год сигарету — «Кэмел». Потом она глотнула бренди и принялась читать.

Устремляясь
из измерения «Зет»

Роберт Кинкейд

«Существуют в пути повороты, суть которых я никак не могу понять, хотя всю жизнь, кажется, скольжу по их изогнутым хребтам. Дорога переносит меня в измерение „Зет“, и мир становится просто плотным слоем вещей и существует параллельно мне, где-то в другом месте, как если бы я стоял, засунув руки в карманы и сгорбив плечи у витрины огромного магазина, и заглядывал сквозь стекло внутрь.

В измерении „Зет“ происходят странные вещи. Долго-долго я еду под дождем через Нью-Мексико, и за крутым поворотом к западу от Магделены магистраль превращается в лесную дорожку, а дорожка — в звериную тропу. Один взмах щеток на лобовом стекле — и перед глазами предстает нехоженая чаща. Еще взмах — и снова все изменилось. На этот раз передо мной вечные льды. Я крадусь по низкой тропе, завернувшись в шкуру медведя, волосы всклокочены на голове, в руке копье, тонкое и твердое, как сам лед. Весь я — комок мускулов и неукротимое коварство. Но за льдами, дальше, в глубине сути вещей, находятся соленые воды, и тогда я ныряю. У меня есть жабры, я покрыт чешуей. Больше я уже ничего не вижу, кроме бесконечного планктона на отметке „нуль".

Эвклид[1] не всегда был прав. Он исходил из параллельности во всем, от начала до конца. Но возможен и Неэвклидов путь, когда параллельные прямые встречаются, далеко, но встречаются, — в точке, которая отодвигается, по мере того как приближаешься к ней. Это называется иллюзия конвергенции, мираж, в котором сливаются две параллельные прямые.

---

[1] Эвклид (Евклид) — др.-греч. математик, работал в Александрии в III в. до н. э. Оказал огромное влияние на развитие математики.

И все-таки я знаю, что такое возможно в действительности. Иногда получается идти вместе, и одна реальность выплескивается в другую. Возникает своего рода мягкое переплетение двух миров. Не строгое пересечение нитей в ткацких машинах, как это происходит в мире точности и порядка, — нет. Здесь не услышать стука челнока. Оно... просто... просто дышит. И это тихое дыхание двух переплетенных миров можно услышать и даже ощутить. Только дыхание.

И я медленно наползаю на эту реальность, обтекаю ее, просачиваюсь под нее, сквозь нее, сворачиваюсь рядом — но с силой, с энергией, — и всегда, всегда я отдаю ей себя. Она это чувствует и приближается навстречу со своей собственной энергией и, в свою очередь, отдает себя — мне.

Где-то глубоко внутри дышащей материи звучит музыка, и начинает закручиваться долгая спираль странного танца — танца со своим собственным ритмом, и первобытный человек с всклокоченными волосами и копьем в руке подчиняется этому ритму. Медленно-медленно сворачивается и разворачивается в темпе адажио — всегда адажио. Первобытный человек устремляется... из измерения „Зет" в нее».

К вечеру этого дня — ее шестьдесят седьмого дня рождения — дождь прекратился. Франческа положила коричневый конверт на дно ящика старого секретера. После смерти Ричарда она решила, что будет хранить конверт в сейфе банка, и только раз в году на эти несколько дней она приносила его домой.

Затем наступил черед орехового сундучка — захлопнута крышка, и сундучок вернулся на свое место в платяном шкафу ее спальни.

Днем она ездила к Розовому мосту. Теперь же можно выйти на крыльцо. Она вытерла полотенцем качели и села. Доски очень холодные, но она посидит всего несколько минут, как и всегда.

Она поднялась, подошла к воротам и постояла немножко. Последнее, что осталось сделать, — выйти на дорожку. Спустя двадцать два года она все еще видела его — как он выходит из кабины грузовика в тот жаркий день, потому что ему надо было узнать, куда ехать дальше. И еще она видела, как подпрыгивает на ухабах сельской дороги грузовик «Гарри», останавливается, на подножке появляется Роберт Кинкейд — и оборачивается назад.

Письмо Франчески

Франческа Джонсон умерла в январе восемьдесят девятого года. К тому времени ей было шестьдесят девять лет. Роберту Кинкейду в этом году исполнилось бы семьдесят шесть. Причина смерти была обозначена в свидетельстве как «естественная».

— Она просто умерла, — сказал Майклу и Кэролин осматривавший ее врач. — Хотя вообще-то мы в некотором недоумении. Дело в том, что нет явной причины ее смерти. Сосед нашел ее — она упала на кухонный стол.

В письме к своему адвокату от тысяча девятьсот восемьдесят второго года Франческа просила, чтобы тело ее предали огню, а пепел развеяли у Розового моста. Кремация была делом необычным для округа Мэдисон, а все необычное наводило здесь людей на подозрения о левом образе мыслей. Поэтому ее последняя воля вызвала немало толков в городских кафе, на заправочной станции «Тексако», а также в магазине скобяных товаров. Место захоронения ее праха было решено не обнародовать.

После отпевания Майкл и Кэролин поехали к Розовому мосту и выполнили последнее распоряжение Франчески. Хотя мост находился недалеко от их дома, он ничем не заслужил, насколько они помнили, особого внимания со стороны их семьи. Вот почему Майкл и Кэролин снова и снова задавали себе вопрос, как получилось, что их в высшей степени здравомыслящая мать повела себя столь загадочным образом и не захотела, чтобы ее похоронили, как это принято, рядом с их отцом на кладбище.

За похоронами последовал долгий и болезненный процесс разборки вещей в доме, а когда они побывали у адвоката, им было разрешено забрать то, что хранилось у их матери в сейфе банка.

Они разделили все бумаги пополам и начали их просматривать. Коричневый конверт достался Кэролин, он лежал третий по счету в пачке. Она открыла его и в некотором заме-

---

шательстве вынула содержимое. Первым ей попалось письмо Роберта Кинкейда, написанное в шестьдесят пятом году, и она начала читать его. Затем она прочла письмо семьдесят восьмого года, а после — послание от юридической фирмы из Сиэтла и, наконец, вырезки из журнала «Нейшнл джиографик».

— Майкл.

Он уловил нотки волнения и растерянности в голосе сестры и поднял глаза:

— Что такое?

В глазах Кэролин стояли слезы, и голос ее задрожал, когда она сказала:

— Мама любила человека по имени Роберт Кинкейд. Он был фотограф. Помнишь тот случай, когда мы все должны были прочитать в «Нейшнл джиографик» рассказ о крытых мостах? И вспомни еще, ребята рассказывали, как странного вида тип бродил здесь с фотоаппаратами через плечо. Это был он.

Майкл расстегнул воротничок рубашки и снял галстук.

— Повтори, пожалуйста, помедленней. Я не совсем уверен, что правильно понял тебя.

Кэролин протянула ему письмо, и Майкл начал читать. Закончив, он поднялся наверх в спальню Франчески. Ему прежде никогда не приходилось видеть ореховый сундучок. Теперь он вытащил его и открыл крышку, после чего отнес сундучок на кухню.

— Кэролин, здесь его фотоаппараты.

В углу сундучка они увидели запечатанный конверт с надписью «Кэролин или Майклу», сделанной рукой Франчески, а между фотоаппаратами лежали три толстые тетради в кожаных переплетах.

— Знаешь, боюсь, я не в состоянии читать ее письмо, — сказал Майкл. — Прочти вслух ты, если можешь.

Кэролин распечатала конверт и приступила к чтению.

«Седьмое января тысяча девятьсот восемьдесят седьмого года.

Дорогие Кэролин и Майкл!
Хотя в данный момент я чувствую себя прекрасно, но, думаю, пришло время привести, как говорится, все дела в порядок. Существует одна очень, очень важная вещь, о которой вы должны узнать. Вот почему я пишу вам это письмо.

Когда вы просмотрите все бумаги из моего сейфа в банке и найдете большой коричневый конверт со штемпелем шестьдесят пятого года, адресованный мне, я уверена, вы в конце концов дойдете и до этого письма. Если можете, сядьте, пожалуйста, за старый кухонный стол и читайте письмо там. Вы скоро поймете, почему я прошу вас об этом.

Поймете ли вы, дети, то, что я собираюсь сейчас объяснить вам? Мне очень трудно, но я должна это сделать. Просто есть нечто слишком великое и слишком прекрасное, чтобы с моей смертью оно ушло навсегда. И если вы хотите узнать о своей матери все хорошее и плохое, то соберитесь с силами и прочтите это письмо.

Как вы уже, наверно, поняли, его звали Роберт Кинкейд. Второе его имя начиналось на „Л“, но я никогда не интересовалась, что за ним. Он был фотограф и в тысяча девятьсот шестьдесят пятом году приехал сюда снимать крытые мосты.

Помните, как взволновался весь наш город, когда статья и фотографии появились в «Нейшнл джиографик»? Возможно, вы также помните, что как раз тогда я начала выписывать этот журнал. Теперь вы знаете причину моего внезапного интереса к этому изданию. Между прочим, я была с Робертом (несла один из его рюкзаков с аппаратурой), когда он снимал Кедровый мост.

Понимаете, я любила вашего отца, любила спокойной, ровной любовью. Я знала это тогда, знаю и сейчас. Он был порядочный человек, и он дал мне вас двоих — мое самое драгоценное в жизни сокровище. Не забывайте об этом.

Но Роберт Кинкейд был чем-то совершенно особенным. Я никогда не встречала, не слышала, не читала о таких людях, как он. Я не в силах сделать так, чтобы вы поняли, что он за человек, — это попросту невозможно. Во-первых, потому, что вы — другие. А во-вторых, потому, что нужно быть рядом с ним, видеть, как Роберт двига-

ется, слышать его слова и то, как он их произносит, когда говорит о том, что его путь ведет в тупик эволюционного развития. Наверно, мои тетради и вырезки из журналов помогут вам немного разобраться в нем, но этого, конечно, все равно будет недостаточно.

В каком-то смысле Роберт был чужим на этой планете. Мне он всегда казался пришельцем, который прибыл в наш мир на хвосте кометы с далекой звезды, чьи обитатели похожи на леопардов. Он двигался, как леопард, его тело было телом леопарда. Он соединял в себе огромную силу с теплотой и мягкостью. А еще в нем было какое-то неясное ощущение трагичности. Роберт чувствовал, что становится ненужным в мире компьютеров, роботов и упорядоченной системы существования. Он воспринимал себя „как одного из последних оставшихся на земле ковбоев" (это его собственное выражение) и называл себя старомодным.

Впервые я увидела его, когда он остановился около нашего дома, чтобы спросить дорогу к Розовому мосту. Вы трое были тогда на ярмарке в Иллинойсе. Поверьте, я не бросалась в разные стороны в поисках приключений. Подобные вещи никогда меня не интересовали. Но уже через пять секунд общения с ним я поняла, что хочу всегда находиться рядом с ним, — правда, это было не так сильно по сравнению с тем, что испытала я потом, когда узнала его ближе.

И пожалуйста, не думайте о нем как об этаком Казанове, который в поисках любовных авантюр забрался в деревенскую глубинку. Он совсем другой человек. Честно говоря, Роберт был даже немного застенчив, и для продолжения нашего знакомства моих усилий приложено не меньше, чем его. И даже гораздо больше. Та записка, что прикреплена к браслету, написана мной. Я повесила ее на Розовом мосту сразу после нашей первой встречи, чтобы он увидел ее утром. Все эти годы она служила ему доказательством моего существования — единственным, помимо фотографий. Она поддерживала в нем уверенность, что я — не сон, что все действительно было на самом деле.

Я знаю, что для детей естественно воспринимать своих родителей своего рода бесполыми существами. И все-таки я надеюсь, что вы не будете слишком потрясены моим рассказом и ваши воспоминания обо мне не будут омрачены моим откровением.

В нашей старой кухне мы с Робертом провели много часов. Разговаривали и танцевали при свечах. И — да-да — занимались любовью там и в спальне, а еще на пастбище прямо на траве. И везде, везде, где только нам приходило в голову. Наша любовь была невероятной, по своей силе она переступала все пределы возможного. Наше желание было неукротимым, мы не могли оторваться друг от друга и все эти дни занимались любовью. Когда я думаю о нем, мне всегда приходит в голову слово „могучий". Да, именно таким он был, когда мы встретились.

Его силу я сравниваю со стрелой. Я становилась совершенно беспомощной, когда Роберт овладевал мной. Не слабой — это слово не подходит к моим ощущениям. Я просто была переполнена его абсолютной физической и эмоциональной властью. Однажды, когда я прошептала ему об этом, он сказал: „Я — путь, и странник в пути, и все паруса на свете".

Позже я заглянула в словарь. У слов бывает несколько значений, и он должен был помнить об этом. Можно представить себе свободную сильную птицу, можно — бродягу, а можно кого-то, кто чужд всем обычаям и порядкам[1]. По-латыни слово „перегринус" означает „странник". Но он был все вместе — вечный странник в пути, человек, чья личность чужда всем остальным людям и кто отвергает для себя общепринятые ценности, и бродяга тоже. Есть в нем что-то и от сокола. Именно так лучше всего представить, кто он такой.

---

[1] Английское слово «pelegrine» имеет несколько значений: 1) чужак, иностранец; 2) странник, бродяга; 3) сокол обыкновенный.

Дети мои, трудно найти слова, чтобы объяснить вам мое состояние. Поэтому я просто желаю вам, чтобы когда-нибудь вы пережили то, что испытывала я. Хотя это вряд ли возможно. Конечно, в наши просвещенные времена немодно говорить такие вещи, но тем не менее я глубоко убеждена, что женщина не может обладать той особой силой, которая была у Роберта Кинкейда. Поэтому ты, Майкл, сразу отпадаешь. Что касается Кэролин, то боюсь, что и ее постигнет разочарование. Роберт Кинкейд был один на свете. Второго такого не найти.

Если бы не ваш отец и не вы, я бы поехала с ним куда угодно, не задумываясь ни на мгновение. Он ведь просил, умолял меня об этом. Но я не могла, а он был слишком чутким, понимающим человеком, чтобы позволить себе вмешаться в нашу жизнь.

И получился парадокс: ведь если бы не Роберт Кинкейд, я не уверена, что осталась бы на ферме до конца моих дней. Но в эти четыре дня я прожила целую жизнь. Благодаря ему я обрела Вселенную, он слепил из отдельных кусочков целое — меня. Я никогда не переставала думать о нем — ни на секунду, даже если в какие-то моменты не сознавала этого, — и чувствовала его присутствие постоянно. Роберт всегда был рядом со мной.

Но моя любовь к вам и вашему отцу никуда не исчезла. Поэтому хотя в отношении самой себя я, возможно, решила неверно, но, если принять во внимание вас, мою семью, я знаю, что поступила правильно.

Но чтобы быть честной до конца, хочу сказать вам: с самого начала Роберт понял все лучше меня. Думаю, я не могла осознать значение того, что с нами произошло, и только со временем, постепенно, я наконец поняла, разобралась в своих чувствах. Если бы это случилось со мной в те минуты, когда он находился рядом и просил меня уехать с ним, — говорю вам, если бы я тогда поняла то, что открылось мне позднее, я бы, скорее всего, уехала с ним.

Роберт считал, что мир стал слишком рационален и люди перестали верить в волшебство — а вроде бы должны. И я часто потом думала: не была ли и я такой рациональной, когда принимала решение остаться?

Не сомневаюсь, что вы сочли мою просьбу в отношении похорон неподобающей, вызванной, возможно, причудой выжившей из ума старухи. Но, прочитав письмо от адвоката из Сиэтла и мои тетради, вы теперь понимаете, чем она была вызвана. Я отдала моей семье жизнь. То, что осталось от меня, пусть принадлежит Роберту Кинкейду.

Думаю, Ричард догадывался о чем-то. Иногда я задаю себе вопрос: а возможно, он нашел коричневый конверт? Раньше я держала его в доме, в ящике бюро. Когда ваш отец уже лежал в больнице в Де-Мойне, в один из последних дней он сказал: „Франческа, я знаю, у тебя были свои мечты. Прости, что не смог осуществить их". Это — самый щемящий момент в моей жизни.

Не хочу, однако, чтобы вы чувствовали себя виноватыми или жалели меня. Я пишу вам письмо вовсе не с этой целью. Мне просто хочется, чтобы вы, дети, знали, как сильно я любила Роберта Кинкейда. И прожила с этим всю свою жизнь, день за днем, год за годом, — и так же он.

Нам ни разу больше не пришлось разговаривать, но мы остались тесно связаны друг с другом — насколько это возможно на расстоянии. Я не могу выразить свои чувства словами. Лучше всего сказал бы об этом Роберт. Мы прекратили существование как отдельные личности и вместе создали что-то новое. Так оно и есть, это правда. Но, к сожалению, оно было обречено на скитания.

Кэролин, помнишь, как мы однажды жутко поссорились из-за моего розового платья! Ты увидела его и захотела надеть. И сказала, что раз я никогда его не ношу, значит, оно мне не идет. Это то самое платье, в котором я была в нашу первую с Робертом ночь любви. Никогда в жизни я не выглядела такой красивой, как в тот вечер, и это платье — маленькое, глупое воспоминание о тех днях. Вот почему я никогда больше не надевала его и не позволила тебе его носить.

Когда Роберт уехал, я через некоторое время поняла, как, в сущности, мало знаю о нем, — я имею в виду его детство, семью. Хотя, наверно, за эти четыре коротких дня я узнала почти все, что действительно имело значение: Роберт был единственным ребенком в семье, родители его умерли, в детстве он жил в маленьком городке в Огайо.

Не уверена, училась ли Роберт в колледже, и даже не знаю, окончил ли он школу. Ум его был блестящим в каком-то первобытном, неотшлифованном, я бы сказала, таинственном смысле. Да, вот еще одна подробность. Во время войны он был фотокорреспондентом и участвовал в боях частей морского десанта в Тихом океане.

Когда-то давно, еще до меня, он женился, но потом развелся. Детей у них не было. Его жена имела какое-то отношение к музыке, по-моему, он говорил, что она исполняла народные песни. Его долгие отлучки, когда он уезжал в экспедицию, оказались губительными для их брака. В разрыве он обвинял себя.

Другую семью Роберт, насколько я знаю, так и не создал. И я прошу вас, дети мои, каким бы трудным для вас это поначалу ни показалось, пусть Роберт станет для вас частью нашей семьи. Меня, по крайней мере, всегда окружали близкие люди. А Роберт был один. Это несправедливо.

Я предпочла бы — во всяком случае, мне так думается — ради памяти Ричарда и принимая во внимание людской обычай обсуждать чужую жизнь, чтобы все, о чем вы узнали из моего письма, не выходило за пределы семьи Джонсон. Но тем не менее оставляю это на ваше усмотрение.

Я в любом случае не стыжусь того, что произошло. Наоборот. Все эти годы я безумно любила Роберта. Но найти его я попыталась только однажды. Это было после того, как умер ваш отец. Попытка не удалась, я испугалась, что узнаю о нем самое худшее, и бросила поиски. Я просто не в состоянии была взглянуть правде в лицо. Так что вы можете, наверно, представить, что я почувствовала, когда в тысяча девятьсот восемьдесят втором году получила посылку вместе с письмом от адвокатской фирмы из Сиэтла.

Хочу еще раз сказать: я очень надеюсь, что вы поймете меня и не будете слишком плохо обо мне думать. Если вы любите меня, то должны относиться с уважением к моим поступкам.

Благодаря Роберту Кинкейду я поняла, что такое быть женщиной. Возможно, знают об этом немногие, но есть женщины, которые так и не испытали любовной страсти.

Роберт был нежным, теплым и сильным. Он заслуживает вашего уважения, а возможно, и любви. Мне бы хотелось, чтобы вы смогли дать ему и то и другое. Ведь в определенном смысле через меня он относился по-доброму и к вам.

Будьте счастливы, дети мои.

Мама».

...долго стояла тишина в старой кухне. По-...ом Майкл глубоко вздохнул и посмотрел в ...кно. Кэролин обвела взглядом стол, мойку, пол.

Она тихо заговорила. Ее голос был не громче шепота:

— О Майкл, Майкл, представь себе, как прошли для них эти годы. Они так отчаянно стремились друг к другу. Мама отказалась от него ради нас и папы. А Роберт Кинкейд оставался далеко, потому что он уважал ее чувства — к нам. Майкл, мне невыносимо думать об этом. Как мы относимся к своим семьям — так небрежно, невнимательно, как будто семья — это само собой разумеется. А ведь из-за нас их любовь закончилась вот так.

Они были вместе четыре дня — всего четыре! За всю жизнь. А мы находились тогда на этой дурацкой ярмарке. Посмотри на маму. Я никогда ее такой не видела. Какая она красивая — и это не фотография сделала ее такой, а он. Ты только взгляни, она здесь свободная и какая-то неистовая. Волосы разметались по ветру, глаза блестят, лицо такое выразительное. Как замечательно она здесь получилась!

— Господи, господи, — единственные слова, которые Майкл был в состоянии произнести, вытирая лоб кухонным полотенцем, а когда Кэролин отвернулась, он промокнул им глаза.

Кэролин снова заговорила:

— Совершенно ясно, что все эти годы он не делал никаких попыток увидеться с ней или хотя бы поговорить. И умер он, наверно, в одиночестве. И послал ей фотоаппараты, потому что ближе нашей мамы у него никого не было.

Помню, как мы с мамой поругались из-за розового платья. И ведь это продолжалось несколько дней. Я все хныкала и требовала сказать, почему она не разрешает мне надеть его. Потом я долго с ней не разговаривала. А она мне только сказала: «Нет, Кэролин, только не это платье».

А Майкл вспомнил историю со столом, за которым они сейчас сидели. Теперь ему стало понятно, почему мать попросила его принести стол обратно, когда умер отец.

Кэролин открыла маленький сундучок, проложенный изнутри войлоком:

— Вот его браслет и цепочка с медальоном. А вот записка, о которой упоминает мама в

своем письме, — она прикрепила ее на Розовом мосту. На той фотографии, которую он послал ей, виден листочек бумаги на деревянной планке.

О Майкл, что же нам делать? Пока подумай, а я сейчас вернусь.

Она взбежала по ступенькам наверх и через несколько минут вернулась. В руках Кэролин держала полиэтиленовый пакет с розовым платьем. Она вытряхнула платье из пакета и развернула.

— Представляешь, какая мама была в этом платье? Они танцевали здесь, на кухне. Подумай, как прекрасно они провели здесь время и чей образ стоял у нее перед глазами, когда она готовила еду для нас и сидела с нами, обсуждала наши проблемы, советовала, в какой колледж лучше пойти, соглашалась с тем, что трудно удачно выйти замуж. Господи, до чего же мы наивные дети по сравнению с ней!

Майкл кивнул и перевел взгляд на полку над раковиной:

— Как ты думаешь, у мамы было здесь что-нибудь выпить? Видит Бог, мне это сейчас необходимо. А что касается твоего вопроса, то я не знаю, как нам поступить.

Майкл обследовал полку и нашел в глубине бутылку, на донышке которой оставалось немного бренди.

— Здесь хватит на две рюмки. Кэролин, ты будешь?

— Да.

Майкл достал две единственные рюмки, поставил остатки бренди, а Кэролин молча пробежала глазами начало первой из трех тетрадей в кожаных переплетах.

«Роберт Кинкейд приехал ко мне в понедельник, шестнадцатого августа тысяча девятьсот шестьдесят пятого года. Он хотел отыскать дорогу к Розовому мосту. Солнце уже клонилось к западу, было жарко. Он вел грузовик, который называл „Гарри“...»

Постскриптум

Козодой из Такомы

Во время работы над повестью о Роберте Кинкейде и Франческе Джонсон я постепенно начал понимать, что личность Кинкейда увлекает меня все больше и больше. Мне уже стало недоставать тех сведений о нем, которые у меня были, да и, в сущности, все остальные знали не больше. И вот за несколько недель до того, как отправить рукопись в печать, я поехал в Сиэтл в надежде раскопать что-нибудь новое о Роберте.

Я в целом представлял, что он был творческой натурой, любил музыку, а значит, могли найтись люди в среде музыкантов или художников в районе Пьюджет-Саунд, которые знали бы его. Очень помог мне художественный редактор газеты «Сиэтл таймс». Он сам ничего не знал о Кинкейде, но обеспечил мне доступ к подшивкам периода с семьдесят пятого по восемьдесят второй год, то есть того времени, которое больше всего интересовало меня.

Просматривая номера газет за восьмидесятый год, я наткнулся на фотографию одного негра — джазового музыканта. Он играл на тенор-саксофоне. Звали его Джон Каммингс по прозвищу Козодой. А под фотографией стояла подпись: Роберт Кинкейд. В профсоюзе музыкантов Сиэтла мне сообщили адрес Джона и попутно предупредили, что он давно уже не выступает. Ехать мне предстояло в Такому, немного в сторону от Пятой магистрали. Там, на одной из боковых улочек промышленного района города, и жил отставной джазист.

Мне пришлось приезжать туда несколько раз, прежде чем я застал его дома. Поначалу он отнесся с подозрением к моим расспросам. Но все-таки мне удалось убедить его в серьезности моих намерений и благожелательности интереса к Кинкейду. Он стал более дружелюбным и рассказал все, что знал. То, что вам предстоит прочесть, — это слегка подредактированная запись моего интервью с Камминг-сом. Ему тогда было семьдесят лет. Во время нашего разговора я включил магнитофон и просто слушал его рассказ.

Интервью с Козодоем — Каммингсом

«Стало быть, я тогда лудил в одном кабаке у Шорти, это в Сиэтле, знаешь, да? Я там жил в то время. Мне нужна была глянцевая фотка получше — для рекламы, понятно. Ну и наш бас-гитарист рассказал мне, что на островах живет один парень, вроде он неплохо работа-ет. Телефона у него не было, так что пришлось посылать ему открытку.

И вот он является. Очень странный на вид, одет вроде как пижон — в джинсах, высо-ких ботинках, а сверху еще оранжевые под-тяжки. Ну вот. Вынимает он свои причинда-лы, в смысле аппараты, такие обшарпанные. В жизни не подумаешь, что они могут рабо-тать. Ну, думаю, дела. А он ставит меня вместе с моей дудкой напротив белой стенки и гово-рит: играй, да не останавливайся. Я и заиграл.

Минуты три или около того фотограф стоял как столб и глазел на меня. Ну и взгляд у него, должен сказать! Как будто пронизывает тебя насквозь. Глаза у него были голубые-голубые. В жизни таких не видал.

Потом, смотрю, начал снимать. И спрашивает, не могу ли я сыграть „Осенние листья". Я сыграл. Наверно, раз десять подряд, пока он возился у своих аппаратов и отщелкивал один кадр за другим. Потом он мне говорит: „Порядок, я все сделал. Завтра будут готовы".

На следующий день приходит с фотками, и тут я чуть не упал. Уж сколько меня снимали за всю мою жизнь, такого еще не было. Класс, можешь мне поверить. Ей-богу. Запросил он пятьдесят долларов — дешево, по-моему. И значит, благодарит меня и, уходя, спрашивает, где я играю. Я говорю: „У Шорти".

А через несколько дней выхожу играть на сцену и смотрю — он сидит в углу. Слушает. Ну вот, а потом он стал приходить раз в неделю, всегда по вторникам, — сядет за столик, слушает и пьет пиво — не помногу.

Я в перерывах тогда подсаживался к нему на пару-тройку минут. Спокойный такой мужик, говорит мало, но приятный. Всегда очень вежливо спрашивал, не могу ли я сыграть „Осенние листья".

Так, мало-помалу, мы и познакомились. Я тогда любил ходить в гавань — садился и смотрел на воду и на корабли. Оказалось, что и он туда приходит. И так как-то получилось, что мы стали приходить к одной скамейке и проводили полдня в разговорах. Знаешь, такая парочка стариканов, оба уже у финиша, оба чувствуют, что устарели и никому не нужны.

Он частенько приводил с собой собаку. Хороший пес. Он звал его Хайвей.

Музыку он чувствовал, это точно. Джазмены ее тоже чувствуют. Поэтому, наверно, мы и сошлись с ним. Знаешь, как это бывает, играешь мотивчик, уже тысячу раз его сыграл, а потом вдруг р-раз! — и у тебя в голове целая тьма новых мыслей, и они сразу вылетают из дудочки, не успеваешь даже о них подумать. А он сказал, что в фотографии и в жизни также. И еще он сказал: „Это как заниматься любовью с женщиной, которую по-настоящему любишь".

Он тогда, помню, все пытался передать музыку в визуальных образах, как он это называл. Однажды он мне сказал: „Джон, помнишь, ты играл одну фигуру в четвертом такте «Изысканной леди»? Ну так вот, я наконец поймал ее, позавчера утром. Свет на воде был такой, как надо. И тут смотрю в видоискатель — а в небе цапля делает петлю. Я сразу же вспомнил твою фигуру и щелкнул кадр". Так и сказал.

Он все свое время тратил на эти образы. Просто помешался на них. Не могу я только в толк взять — на что же он ухитрялся жить?

О себе он почти ничего не говорил. Я знал, что раньше он много ездил, все страны повидал, но в последнее время — нет.

Ну и вот, однажды я его спрашиваю про эту вещичку, что у него всегда висела на груди. Если поближе подойти, то можно было прочитать имя „Франческа". Я и спросил — мол, что-нибудь связано с этим?

Он сначала долго молчал, все смотрел на воду. Потом спрашивает: „У тебя есть время?" А был как раз понедельник, мой выходной. Я сказал ему, что времени у меня вагон.

Тогда он и начал рассказывать. Вроде как его прорвало. Весь день говорил и почти весь вечер. Я подумал, он, наверно, долго держал это все в себе.

Ни разу не назвал фамилии этой женщины и места, где все происходило. Но, знаешь, приятель, этот Роберт Кинкейд как стихами говорил о ней. Представляю, что за штучка была эта невероятная дамочка. Пересказал он мне еще кусочки из вещицы, которую он написал для нее — что-то вроде измерения „Зет“, как я припоминаю. Я тогда еще подумал, что он похож на Орнета Коулмена с его свободными импровизациями.

Он плакал, когда говорил. Ей-богу. Плакал по-настоящему. Было во всем этом такое, что заставляет старых людей плакать, а саксофон — звучать. Я тогда понял, почему он просил каждый раз сыграть ему „Осенние листья“. И еще я понял, что люблю этого бродягу. Тот, кто способен чувствовать такое к женщине, сам достоин любви.

Я стал думать о них обоих и о той силе, которая связала так крепко его и эту женщину. О том, что он называл „старыми тропами“. И я сказал себе: „Нужно сыграть эту силу, эту любовь, сыграть так, чтобы сами старые тропы выходили из моей дудочки“. Черт его знает, но было во всем этом что-то такое нежное...

Я принялся писать музыку — три месяца сочинял. Я хотел, чтобы получилось просто и красиво. Сложную вещь создать легко, а вот попробуй сделать простую! В этом вся соль. Я работал и работал над этой вещью, пока не понял: „Ага, вот оно". Тогда я еще поднапрягся и написал партии для клавишных и баса. Наконец наступил вечер, когда я должен был сыграть ее.

Он сидел в публике, как всегда по вторникам. Вечер выдался спокойный, народу в зале человек двадцать, не больше. Никто особенно не обращал внимания на сцену.

И вот он сидит, уставившись на бутылку с пивом, но слушает, как всегда, внимательно, а я и говорю в микрофон: „Сейчас прозвучит мелодия, которую я написал для моего друга. Она называется «Франческа»".

Я это произнес и посмотрел на него. Как только он услышал имя „Франческа", посмотрел на меня, руками пригладил длиннющие седые волосы и закурил свой „Кэмел". Голубые глазищи уперлись мне прямо в зрачки.

Я тогда заставил мою дудочку звучать так, как она никогда раньше не звучала. Она плакала у меня в руках, плакала за все те мили и годы, что разделяли их. В самом начале у меня было похоже, будто звучит слово „Франческа".

Когда моя дудочка замолчала, он уже стоял около своего столика и улыбался. Потом кивнул, заплатил по счету и ушел. С тех пор я всегда играл для него эту вещь. А он вставил в рамку фотографию старого крытого моста и подарил мне — в благодарность за музыку. Он не сказал, где находится это место, но внизу, под его дарственной надписью, стояло: „Розовый мост".

Однажды во вторник лет семь-восемь назад он не пришел. И через неделю его не было. Я подумал, что он, может, заболел или еще что случилось в этом духе. Честно говоря, я здорово разволновался и пошел в гавань спросить, не видел ли кто его. Но никто ничего не знал. Тогда я взял лодку и отправился на остров, где он жил. У него был старый домишко — развалюха, по правде сказать, недалеко от воды.

Вот, значит, я там обретаюсь, а тут сосед его подходит и спрашивает, что, мол, я тут делаю. Я объясняю, так, мол, и так. А тогда сосед мне и говорит, что он умер — умер десять дней назад. Эх, до чего же мне было больно. Да и сейчас тоже. Я ведь привязался к нему. В нем, в старом бродяге, что-то было такое. Сдается мне, он знал и понимал такие вещи, о которых мы, остальные, ничего не знали.

Спросил я у соседа про собаку. Он понятия не имеет. Да и самого Кинкейда, говорит, не знал. Я тогда бегом в кутузку. Ну и, конечно, старый Хайвей там. Вызволил пса и отдал его племяннику. Последний раз, когда я заходил к ним, у него с мальцом была самая что ни на есть любовь. И я очень этому рад.

Вот такие дела. А вскоре так получилось, что у меня стала неметь левая рука, когда я играю больше двадцати минут. Говорят, нелады с позвонками. Так что я теперь не работаю.

Но, знаешь, мне покоя не дает история, которую он рассказал о себе и той женщине. Поэтому я каждый вторник вечером беру свою дудку и играю эту песню, то есть его песню. Здесь играю, для себя.

И сам не знаю почему, я все смотрю на эту фотографию — ту, что он подарил мне. Играю и смотрю. Не могу глаз отвести от нее, пока играю. Не знаю, в чем тут дело.

Вот так и стою здесь по вторникам вечером. Старушка моя, дудка, рыдает, а я играю и играю для человека по имени Роберт Кинкейд и женщины, которую он называл Франческа».

Содержание

Литературно-художественное издание
Город женщин

Уоллер Роберт Джеймс

Мосты округа Мэдисон

Генеральный директор издательства *С. М. Макаренков*

Шеф-редактор *Павел Костюк*
Ведущий редактор *Кристина Коноплёва*
Дизайнер обложки *Андрей Сауков*
Верстальщик *Антон Дятлов*
Корректор *Дарья Довгаль*

В оформлении обложки использованы материалы
по лицензии агентства *Shutterstock, Inc.*

Подписано в печать 30.05.2022 г.
Формат 60x90/16. Гарнитура «Lazurski». Усл. печ. л. 16,0
Заказ № К-3552.

Адрес электронной почты: info@ripol.ru
Сайт в Интернете: www.ripol.ru

Издательство «РИПОЛ классик» в соцсетях:
vk.com/ripolclassic

Редакция художественной литературы:
vk.com/ripol_fiction

ООО Группа Компаний «РИПОЛ классик»
109147, г. Москва, ул. Большая Андроньевская, д. 23

Отпечатано в АО «ИПК «Чувашия»
428019, г. Чебоксары, пр. И. Яковлева, д. 13